剣道年代別稽古法

角　正武著

体育とスポーツ出版社

推薦のことば

井上正孝

角正武先生が月刊『剣道時代』に一年間連載された「道の薫り」をこの度、先生御自身の手で単行本に纏めて刊行されたことは実に有意義なことであり、洵に有難いことであります。角先生は且て私が奉職していた福岡県立筑紫中(現・筑紫丘高校)の御卒業であり、私とは深い絆に結ばれた剣の盟友であります。先生は教育剣道の権威であり、その実力は高邁なる御人格と共に、広く天下に尊敬され、深く剣道人に傾倒されています。

その先生が長年に亘り、研鑽錬磨され、さらに実践体験されたその成果を発表していただくことは、剣道界にとっては何よりの光明であり、後輩にとっては最高の指針であり、最大の喜びであります。

最近の剣道界は、まるで羅針盤を失った船のように、着くべき港も知らず、行くべき航路も定かならず、ただ輪廻彷徨の漂流船にもひとしい存在であります。

こうした剣道迷走の中に明るい一灯を点じ、行くべき航路を明らかに指示して下さったのがこの貴い「道の薫り」であります。

この名著こそ、私は各階層のどなた様にも御精読賜りたいと思っております。どんな御馳走でもよく噛んで食べなければ栄養にならないと同様に、どんな名著でも丹念に精読していただかなければ、ただの活字の羅列に終わるでありましょう。

角先生の道を思う赤誠に感じ、その教育信念の高さを知り、さらに時代が何を求めているかを強く御認識いただきたいと思います。

そしてこの「道の薫り」に「人生の香り」を知り、剣道永遠の「文化の薫り」を御汲み取りいただくことが出来れば、日本剣道の栄えは又そこから新しく芽生えて行くことでありましょう。

これから剣道を論ずる人は、どなたも皆、右手に「竹刀」、左手に「道の薫り」を持って堂々と文武両道の大道を邁進していただきたいと思います。

そこに人心の開発があり、日本剣道の黎明が訪れるでありましょう。

（剣道範士　玉川大学名誉師範）

剣道　年代別稽古法　道の薫り　目次

第九章　三十歳代篇

第十章　四十歳代篇

第十一章　五十歳代篇

ブックデザイン　岩田次男
写真　徳江正之
イラストレーション　秋山近史

【序　章】

生涯剣道への道しるべ

剣道は礼儀正しく心身をねって平和を願う道なり

剣道は、一言で表現すれば〝何歳からでも始められ、何歳になっても継続でき、何歳の人（相手）とでも修錬（稽古）の楽しさを味わえる〟ものです。その魅力は、実に多岐多様にわたり、当人の心構えや術理の理解によって、それぞれの目的に見合った課題を追求し、自己実現できる無限の広がりと深まりを持っています。ゆえに世界に誇る伝統的運動文化なのです。求める過程で人びとの生活に潤《うるお》いを与え、心の豊かさや身体の健《すこ》やかさ、心身の爽快さをもたらしてくれるでしょう。

そして、かくいう私もその魅力にとりつかれた一人です。

剣道が復活した昭和二十八年、小学校四年生の私は、職業軍人だった父親の意向で竹刀を握りました。稽古は週一回、護国神社の境内にできた道場で、老先生から剣道の手ほどきを受けていました。足捌きに始まり、素振り、打ち込み、地稽古と進んで半年ほど経ったある日、先生の前で一組ずつ試合形式の稽古をやった時のことです。

まだ防具を着けたばかりの私は、右も左もわからないまま相手の跳び込み小手を思わず大きく抜いて正面をバシッと打ったのです。次の瞬間、老先生は「勝負あり！　それまで」と宣告し、試合を収めました。

（一本目にもかかわらず、勝負ありとは……）

私は何が起こったのかもわからず蹲踞《そんきょ》納刀して座に戻ったところ、老先生は「立派に基本通りの面が打てたな」と一言。二本分に相当する一本だったと先生は褒めてくださったと思うのですが、あの時の面の感触と先生の優しい眼差しは四十数年前のことでも鮮明に覚えております。

【四人の恩師】

剣道の魅力は人を通して伝わるものであり、剣道人の魅力が、剣道そのものの魅力と重なる。剣道入門の要諦が「良き師につけ」と言われるゆえんはそこにあり、師の振る舞いが子ども達に大きな影響を及ぼすことを自覚すべし。

今、振り返って剣道を続けている理由を考えてみると、色々な要素があったと思います。しかし護国神社の老先生に「勝負あり」と言っていただいたような子ども心に深く染み込む経験が関係していることは間違いありません。

剣道を通じて、これまで貴重な経験を積ませていただきましたが、剣道の魅力とは？　と自問したとき、一言で表わすならばそれは剣道人ではないかと考えるようになりました。剣道の魅力は人を通して伝わるものであり、私の出会った剣道人の魅力が、剣道そのものの魅力と重なったのです。先生という剣道人、先輩という剣道人、また友人という剣道人、立場や置かれた環境は違ってもみな剣道が大好きで、惚れた人ばかりでした。三度の飯より好きという剣道人とめぐり逢えたことが、私を剣道に惹きつけたのだと思います。そうした方は、たとえ我流であっても自分の剣道観を持ち、いまだに再会した時は剣道の話で始まり、途中、社会一般の世間話をしても、最後には剣道の話をして別れるという付き合いです。

次に、私に多大なる影響を与えてくださった四人の先生方を紹介したいと思います。

色々な剣道人との出会いがありましたが、古くから剣道入門の要諦は「良き師につけ」と言われています。

欠点よりも褒めることを重視した角田暢男先生

角田暢男《かくたのぶお》先生は護国神社の稽古から、しばらくして始まった小学校の剣道クラブの先生です。先生は福岡師範学校（現・福岡教育大）のご出身で、いわゆる師範学校教育を厳しく教え込まれた世代です。

師範学校とは義務教育学校、特に小学校の教員養成を目的に創設された学校で、全員が寮に入り、生活そのものが教員になるために組まれていました。戦後の教員養成制度とはまったく違った、いま風にいうなら教師になるという強いモチベーションを持って学んでこられた先生ですから、剣道の技術、文化性の追求より、教育の手段としての剣道をしっかり捉えていらっしゃいました。

教育の原点をしっかり見据え、子どもの心をつかんでいくことを重要視されていたのです。確かに厳しい面もありましたが、褒めることを中心とした教育は今も強く印象に残っております。

あれは寒稽古の納会試合のときでした。試合中に先生が「止め」をかけ、見学している子ども達に向かって「角君の右手を見てみなさい。実に柔らかく握っているだろ！　みんなもよく見習うように！」と大きな声で褒めてくださいました。

昭和44年12月、恩師角田暢男先生とともに県職域対抗剣道大会に出場した著者

別段私の右手が良かったわけではないのでしょうが、どこか褒めるところを見付け、その部分を伸ばしていこうという方法論は、昨今の教育現場でもよく言われることです。しかし、なかなか実行できないのが現状です。特に剣道では欠点を指摘して角《かど》を削って修正していく方法が多いのではないでしょうか。

もちろん戦前の剣道で練り上げられた先生ですから稽古そのものは厳しく、六十人くらいの児童が画一的な号令のもと、ビシビシ鍛えられました。それは今の学校や大きな道場と変わらない集団指導です。ところが振り返ってみると集団指導の中で、きちんと個人に配慮した指導をされていました。大事なところでは個別に手取り足取り教えていたのです。

この角田先生との出会いが、中学、高校も剣道部に入ったことを動機づけていると思います。というのも最初に通った中学校では三年生が先生役でしたし、三年生のときに転校した学校にも指導者がおりませんでした。したがって稽古は互いに今まで習ってきたことを繰り返すだけのもので、環境は決して恵まれていませんでした。

当時から私は背が高かったのでバレーボール部やバスケットボール部から強く勧誘を受けました。しかし、なぜか剣道から離れられませんでした。角田先生の指導が強いインパクトになっていたのでしょう。具体的な理由はわかりませんが、バスケットボール部に入るのが嫌で、その部室の前を通ることさえ避けたくらい、剣道に傾注《けいちゅう》していたのは確かです。

大学の大先輩でもある角田先生には、現在剣道部の後援会長を務めていただき、週に一回、大学で講義をお願いするなど、いまだに教えを受けています。

今も忘れられない小手打ち五十本、田中肇先生

田中肇《はじめ》先生は私が進んだ筑紫丘高校の剣道部長をなさっていました。東京高等師範学校のご出身ですが、いわゆる戦中の学生で、学徒出陣で満足に稽古ができないまま戦地に向かわれました。

当時、先生は三十代の後半で七段に合格された頃で、学生時代の稽古量を取り戻すべく部員の指導だけでなく、ご自身の修行も意欲的に取り組んでおられたと思います。

先生にはとにかく鍛えられました。私は、身長があったので面はある程度打てましたが、小手は不得意でした。すると先生は「角の面を活かすためにも、小手を打てにゃならん！」と言って、週に三〜四回の小手の打ち込み稽古が始まりました。一回につき、小手打ち五十本を先生自ら全部打たせてくれました。それも「間合が悪い」「竹刀の使い方」「スピードが足りない」「起こりが見える」などと一本ごとに細かい注意を与えてくださるのです。五十本が終わると手が硬直して開かなくなるくらい、真剣に打つことを要求されていましたので先生の右腕はパン

パンに腫れていたと思います。いまだに小手打ち五十本は忘れられません。

しかも先生は部員同士で打たせ、横から見てアドバイスすることは一切されませんでした。「これを何とかせにゃいかん」という時は、あくまでも自分と稽古して呼吸、間合、リズム、タイミング等を〝以心伝心〟させたかったのでしょう。道場には太鼓がありましたが、先生がバチを握ったり、笛やストップウォッチを持って稽古の指揮をされたという記憶はありません。

先生に稽古をお願いすると、技と気力で攻め立てられていますので、休む暇はなく、ものの数分もすると息遣いは激しくなり、生理的にも精神的にも追い込まれてきます。その間、先生の眼からは火の出るような気勢が伝わってきて、目を逸らすことも、逃げ出すこともできません。できるこ

昭和34年、筑紫丘高校剣道部入学。前列左から４人目が松井松次郎範士、５人目が田中肇先生（著者は２列目左端）

とは気力を振りしぼって捨て身で打って出るだけです。激しく体当たりしてもはね返され、突き放され、それでも打っていくしかありません。冷静に策をめぐらして技を仕掛けるなど到底及びもつかず、気力・体力の限界を体験させられました。

最後に「参りました！　打ち込み、お願いします」と言うと、今度は一転して面や小手をきれいに空けて、まともに打たせてくれます。この時とばかりに力を込めて打ちましたが、先生は嫌な顔ひとつ見せず、すべて打たせてくれました。

先生の烈しい威圧に耐えて立ち向かっていった満足感と、ご褒美でもいただいているような気分で、苦しいけれど心を込めて一本、さらにもう一本と打ち込んだものです。

師から弟子に、気を通わせて身体を張った稽古にこそ尊く強い絆が結ばれて、剣道が正しく伝承されるということを教えられました。私が高校教師を目指したのは田中先生の影響です。

板の目三枚の上でしか稽古しなかった松井松次郎先生

当時の筑紫丘高は、部長は田中先生でしたが、さらに松井松次郎先生（範士九段）が師範としていらっしゃいました。先生は京都の武術教員養成所講習科を卒業され、武徳会福岡県本部の師範をされていました。

戦前の筑紫丘は筑紫中と呼ばれ、玉竜旗大会で優勝する強豪校として名を馳せていましたが、その頃より師範として学生の指導にあたっていたのが松井先生です。戦前はともかく、戦後は恐らくボランティアだったと思うのですが、八十歳を超えた高齢にもかかわらず、夕方になるとお見えになりました。

先生は武専の卒業ですから基本通りの剣道を高校生にやらせるべきだというお考えでした。気迫云々はまだ早い、正しい面が打てることが大切という信念で、徹底して打ち込み稽古の繰り返しでした。先生は板の目三枚の上でしか稽古しません。そこで小手抜き面のような基本通りの面を打つのです。刺し面でいこうものならすぐに「駄目」が入って蹲踞されました。

教えられたのは「相手が〝ピクリ〟とも動いていないのに打っては駄目だよ」ということでした。蹲踞から立ち上がると半歩引いて間合を遠くとり、そこで気合を入れて、自分を充実させます。そこから間合を詰めていき、先生が小手を打つような動きをフッと見せたら、そこに大きく振りかぶって思い切って面を打っていく。先生が動かれる時は触刃《しょくじん》から交刃《こうじん》まで来ていますので、動きを逃さず真っ直ぐ振りかぶって打たないと叱られるのです。自然と打ち込む一本一本に集中させられました。

いま思えば、この打ち込み稽古は、まさしく七段から八段の先生方が修行している一足一刀の間から一拍子で打ち切ることだったのです。先生は口で詳しく解説するようなことはなされませんでしたが、気剣体の一致した一本を打つには、いかに気持ちを調えて打たなければならないかを訓えていらっしゃったのだと思います。

それから体当たりをすることは先生、特に高齢の先生に対してはするべきではないと骨の髄まで教えられました。体当たりは剣道でいう余勢の問題で、打突技術ではありません。気勢が充実していれば、体当たりをしてチャンスを作ることは起こり得ますが、松井先生に体当たりすることは、まず考えられませんでした。みんな先生のお歳を考えて自分でコントロールし、自分の出足にブレーキをかけました。先生は小兵でしたから「角は体格がいいし、元気がいいから、握り飯ひとつ食わせればまたすぐ元気が出るよ」と爺様が孫の元気の良さを喜ぶかのように、いつもニコニコ笑っていらっしゃいました。

剣道に対する心の方向づけを角田先生にいただいたとするならば、技術や剣道の本質を追求する姿勢は高校時代の両先生に教わりました。

真摯な修行姿勢を示した吉富新先生

田中先生の影響を受けた私は高校の指導者を夢見て福岡学芸大学（現・福岡教育大）に進みました。当時の福岡学芸大は一、二年の教養課程は福岡、久留米、田川、小倉の四校に分かれており、専門課程になると福岡市内の大橋にあった本校に集まりました。

その本校に吉富新《あらた》先生はいらっしゃったのですが、まったくのボランティア指導者でした。先生は松井先生の弟子にあたる方で、武徳会福岡県本部で松井先生が師範をされていた頃より、先生のもとで学んでおられました。吉富先生と松井先生の年齢は四十歳くらいの開きがありましたが、先生ご自身も「松井先生のような剣道を目指したい」という気持ちで修行されていました。そこに松井先生の教えを受けた私が飛び込んだわけですが、修行途中の先生は正しい剣道、風格のある剣道、気の崩れない剣道を自らの課題とし、また私共にも、その剣道を求められました。

「勝つ剣道だったら君達に教えられる。いつでも教えましょう。しかし、君達は将来、小学校、中学校、高等学校の指導者になるべく、ここで学んでいます。教師にな

昭和39年、第1回全学芸大剣道大会で優勝。前列右から2人目が吉富新先生

れば、恐らく剣道部を任されるでしょう。そうした時、君達が勝つ剣道しか身に付けていなかったら将来はどうなりますか？　その子ども達は勝つ剣道しかできませんよ。君達は今、勝つ剣道を勉強すべきではない。本当の剣道を学びなさい」

と先生は常々言っておられました。先生は警察官を務めた経験もあり、勝負に徹する剣道も身をもって知っていらっしゃいます。「他所の学校ならともかく、教員養成の大学で学んでいるからには正しい、しっかりした剣道を身に付けてほしい」が先生の口癖でした。

私にとって幸いだったのは松井先生の教えを受けていた吉富先生に師事できたことです。伝統文化が伝わっていく過程には、師匠の師匠、つまり孫弟子が師匠の恩師のもとで学ぶといった例は多いと思うのです。私の場合はまったくの偶然でしたが、師匠のすすめで、自分の師匠のもとへ弟子を送るといったこともあります。ただ、今ではそういう師弟の結びつきよりも、この点数ならこの大学、この戦績ならこの大学に行けるといった風潮があることが残念です。だからこそ、修錬者自身が「剣道はこうあるべきだ」という確固たるものを確立する必要があると思うのです。

吉富先生は、松井先生の剣道に一歩でも近づきたいという思いで日々、工夫研究されていました。先生は剣道修行者の姿勢を自らの背中で示されていたのです。

【年代別剣道の魅力】

剣道には年齢や経験を超えて学べる素晴らしさがある。それぞれの目的に見合った課題を追求すれば、自己実現できる無限の広まりと深まりを持つ。生涯を通じて、その時々に適応した課題を意識してこそ、その真の価値に触れることを認識したい。

スポーツ競技の開始年齢は、身体的機能の発育や発達と、それぞれの運動の特性との関係で最適年齢と言われるものが特定できます。しかし近年、その特定化はスポーツ障害をまねくという警鐘もよく聞かれます。スポーツ競技が、結果のみを求めて行なわれるようになると、とかく過度な実践に走りやすく、特に発育途上の児童・生徒には細心の注意を払う必要がありま す。剣道でも生涯を通じて、その時々に適応した課題を意識して（させて）こそ、その真の価値に触れることになります。次に、それぞれの年齢や経験における課題やねらいを年代別に挙げてみましょう。

幼少年期――「つらいけれど楽しい」「なぜか道場に足が向かう」ような周囲の配慮が不可欠

剣道の指導は上達に応じてステップアップして「こうあるべき」というものが体系づけられてきます。礼儀作法から竹刀の取り扱い方、稽古方法など正しいモデルに近づけていくことなのですが、ここで注意すべきは教わっている修技者は全員が同じステップを踏まないということです。登山でも頂上までの道筋《ルート》が幾通りかあるように、一人ひとりが十人十色のニーズで道場へ通っていることを認識すべきでしょう。子どもの中には試合に勝ちたい、技がうまく出せるようになりたい、先生に褒められたい、道場へ通うことそのものが楽しいなど、さまざまな理由があります。

私はよく「剣道は麻薬」と表現します。つまり稽古しないと晩飯が美味しくない、会社で嫌なことがあっても稽古すればすべて忘れて帰宅できるなど、剣道がストレス発散的な作用を果たしているからです。これは大人だけの世界と考えがちですが、現代の子どもにも当てはまると思うのです。

いわゆる「学級崩壊」や「いじめ」をはじめとする学校や塾でのストレスなど、さまざまな圧迫が子ども達を取り巻いているのです。それを大人が気付き、稽古できっちり発散させてやることです。「だったら娯楽、息抜き」という反論もありましょう。しかし、子どもは理屈抜きに打ち合うことも必要なのです。大人ならば発散するた

監督として玉竜旗大会に出場する

めに酒を飲んだりできますが、子どもは「〜のために」なんて考えないのです。ただ道場に行けば発散できることを皮膚感覚、感性で感じているのです。教育、身体、精神的な剣道の特性はよく言われますが、ストレス発散も剣道の大きな特性のひとつだと思うのです。

確かに稽古は息苦しかったり、痛かったりします。しかし、表現は不適切かもしれませんが、正当な理由のもとに叩き合いができるのです。「それを許したら剣道ではなくなる」という意見もあるのは確かですが、指導者が広い度量で子どもを見守ることが今、必要なのではないでしょうか。

少子化で兄弟が少なくなり、兄弟喧嘩も満足にできなくなっています。しかし、道場は異なる年齢の子ども同士が体と体をぶつけて稽古で汗を流しているのです。ときには感情的になることもあるでしょうが、その中でピリッと「剣道とは何たるか」あるいは「これだけは守りなさい」ということを訓えていけばよいのです。そうすることで子ども達の中に剣道を習っている誇りやプライドが芽生えてくるはずです。

せっかく剣道に興味を持ってくれたのですから、長く続けさせるためにも目先の損得ではなく、まずは道場へ通うことが楽しいと思わせることが不可欠です。

青年期──「自我との対話」や「仲間との協同」に魅力を持たせる工夫を

他人と自分との違い、果たして自分は正しいのか、また親を批判、社会を批判することが芽生えてくるのが青年期です。発達段階として自分との対話を始める時期です。そういった時、剣道の持つ道徳性や価値観の学習、あるいは剣道人としてのあり方への自問自答がひとつの大きな心の支えになると思います。

いま日本の子ども達は心の拠りどころがなく、日の丸・君が代の問題にしても学校の先生、社会の核となる年齢に達した校長でさえ支えがないから悩んでいます。政府は法制化に向けて討議を続け、平成十一年に法案を可決しました。しかし、いまだに反対派もいれば推進派もいるのが現状です。子ども達の世界にとっても何が正しくて、何がいけないのか、非常にわかりにくくなってきています。一言でいえば価値観が多様化してきているということなのですが、道徳教育も結論が出せないのです。

授業は、こういう考え方、こういう主張もあります、さあ自分で考えましょうという進め方です。善は善、悪は悪という捉え方をしないので、授業を担当する先生の考え方も見えてこないのです。家庭教育にしてもしかりです。しっかりしたと言われている家庭では、善は善、悪は悪でビシッと言って聞かせ、親は一歩も譲りません。子どもの個性尊重、人権尊重ということに名を借りて、基本的倫理教育を怠ると子どもには不安だけが残ります。

その点、剣道はすべてが心の拠りどころとなり得るのです。正しい手の内、構え方、打つ機会など基礎がしっかりとあるからです。しかし、これが打つべきチャンスだと教えられながらも、一つのチャンスではまず相手を打てません。そこで自分で何とかしなければならない。拠るべきところを与えられた上で自分の個性が発揮できるのです。

つまり自我が台頭し、自分と他人との違いや、自分と社会の違いや矛盾に自分の意見が出せる素地を会得するのです。賛成論、反対論であれ、自分の意見が言えるということは、何か拠るべきところの指針を教わっている、身に付いているということです。青年期は物の考え方が百出してくる時期で、それがあるからこそ、多様な可能性を子ども達は秘めています。

それゆえ剣道の技術以外の問題で、倫理観や価値観というものに対して触れておくことが、剣道の教育的な役割として重要視されるのです。

壮年期――「奥義の追求」や「自己実現」を目指し、時にはストレス解消も可

青年期では高校や大学といった一定の枠内で剣道を学んでいる人がほとんどです。それが壮年期になると、剣道をする目的が多様化してきます。ある人は選手として国体、都道府県大会や全日本選手権を目指す。ある人は剣道の魅力にとりつかれて、胆のすわった剣道や美しい剣

道を目指す。ある人は大人になってから剣道を始め、子どもと一緒に汗を流すことに喜びを感じている。またある人は在野のボランティア指導者として幼少年の指導にあたり、幼少年の成長を励みとしているなど、十人十色です。

一方、生理的な発達段階からすると身体的機能が低下してくる段階です。この年代から竹刀を握られた方は自分の身体と相談しながら、焦らず継続的に稽古することを心掛けたいものです。また修行途中の方は術の剣道から心の剣道、気の剣道への過渡期だと思います。指導者として元に立つ機会が多くなると思いますが、そこで沢山のことが学べます。青年期はもっぱら先生にお願いしたり、互いに競り合う稽古が中心でしたが、壮年期では元に立って若い人のスピードやタイミングを察知して先取《さきど》りする。そういう心境の稽古に入っていきたいものです。

壮年期の稽古は限られたサークルや道場が中心になると思いますが、なるべく視野を広く持って色々な人の剣道技術、剣道観を吸収することが向上への近道です。講習会や合同稽古会などに積極的に参加し、多くの方と稽古することです。そして稽古後に一言いただく。

私は稽古が終わった後、話をするのがあまり好きではなかったのですが、八段をいただいてから、その必要性を感じるようになりました。私に懸かってくださった方は言葉を交わす以前に、稽古や試合を見て稽古したいと思ってくださったはずです。当然、私の剣道は知っていらっしゃるのですが、なぜ私が稽古中にあの技を使ったのかなど、その背景を僅かな時間でも、お話しできれば、より理解が深くなると思ったからです。

壮年期は指導者になったり、昇段審査を追求したり、自分の剣道に疑問を抱いたりする段階です。今までの修錬の良い部分を伸ばし、悪しき部分を修正する。その確認をすることで、より深い剣道を身に付けることができるのです。

老年期——「社会教育の一翼」や「自身の健康維持」を目指して生きがいの剣道を

身体がいよいよ動かなくなってくる年代です。壮年期にも増して稽古の中身に工夫を凝らさないと身体を悪くします。この年代で初めて竹刀を握った方は、まず身体を動かすことそのものに慣れることとです。焦って無理すれば膝や肘を悪くします。剣道が生きがい、心の肥やしとなるような稽古を目指したいものです。

これまで修行を継続してこられた方は一層身体に頼らない剣道を心掛けたいものです。自分の体格に合った竹刀を選び、自分に合った稽古量を考えることとです。長年、一週間に三回やってきたことを二回に減らすことは勇気がいることだと思いますが、これからは長く続けることが大きな課題です。身体的な問題から離れていくと心の剣道を真剣に考えるようになります。身体が動かなくなった分、いかに気で相手を圧するか、先見のよみ、予測する能力が必要になってきます。

また指導者として学んできたことを次世代に伝える義務も生じてきます。その年齢まで剣道を続けてきたこと自体が指導者の資質になります。若い人が先を争って稽古をお願いし、稽古が終われば一言いただこうと挨拶に来るのは、長年培ってきた、その人なりの蘊蓄《うんちく》のある言葉や剣道観、価値観に生身で触れることに飢えているからではないでしょうか。称号や段位ではなく、剣道人としてどこか光る魅力を期待しており、恩師との稽古の話をするだけでも立派な財産の継承となるのです。

剣道は心法と言われるように間合があって攻防が混在しています。しかも時間的、空間的な距離がありますので祖父と孫くらい年齢が開いていても共に汗を流せることが剣道の素晴らしさなのです。稽古場での老若の交流は文化の継承、生涯学習社会における社会教育の一翼を担っているのです。

以上、私が恩師から受けた教えと各年代における稽古の取り組み方を概略的に述べました。

本書では各年代ごとに稽古のポイントを紹介し、読者の皆さんと共に世界に誇る日本の伝統的運動文化である剣道の素晴らしさを再確認できればと思っています。

【第一章】

幼児・小学校低学年篇

好きと巧み上手の三つを比ぶれば
好きこそものの上手なりけり

幼少年の入門期の剣道指導は、右の道歌にあるように、上手を育てようとするならば好きにさせることが肝要であることを知らねばなりません。子どもは邪念がないので鋭い感受性でものを観ています。先生の一所懸命な指導の態度を感受すれば、かなりの厳しい指導にもついてゆきますが、僅かでも威圧的な態度や傲慢《ごうまん》な態度、あるいは不平等や無責任な態度で接すると尊敬の念は持たなくなります。入門してくる幼少年は、たとえ親の強い勧誘があったとしても、不安と同時に期待感を持っているものです。高度で複雑な運動課題を持つ剣道の基本技術の稽古は、一所懸命やろうとすればするほど混乱や力《りき》みが起こりがちです。

指導者は、あせらず凝らずあきらめず、称賛し承認し、援助する姿勢を崩さず、「また明日もやりたいな」と思わせる工夫研究を怠ってはなりません。

【習い事の意味】

習い事の多くは人類が長い年月をかけて築き上げてきた文化であり、人びとの生活に潤いと活力を与える。しかし、いきなり文化の体系的内容を学習させるのではなく、まずは子ども達を惹きつける内容や方法を充分吟味することが大切。

古今東西、親は我が子の健やかで逞《たくま》しく心豊かな成長を願って、さまざまに手をかけ、心を尽くしてその養育にあたるものです。〃這《は》えば立て、立てば歩めの親心〃と言われるように、まずは身体運動の発達に目を細めて期待を膨らませます。やがて、ことばの発達によって知的活動の兆候を知り、ことばかけや数遊びへと広がり、ますます大きな期待を寄せることになります。すなわち子どもが最初に出会う先生は親であり、家庭こそ最初の教育の場であり、次に何らかの学習の機会を与えようとします。そこに幼児教育や習い事がありますが、私達はここで重要なことを見落としてはなりません。それは、親として教育の義務を放棄して他者に依存したり、過剰な期待をする余り無理な英才教育に走ることを避けるべきということです。

人間の発育発達にはそれぞれの段階に必要な課題があり、目には見えない課題が解決されて次の段階に進むためには一定の時間が必要だということです。先の格言でもそれを教えています。すなわち十分に這いまわらせることによって腕や首、あるいは体幹部の筋肉の発達を安全な姿勢で獲得させてから、伝い歩きを経て、不安定な立位歩行の段階に進めということです。早まって歩行器などによる訓練に走るのは良い方法とはいえません。

このことは、心の発達についても充分配慮しなければなりません。母親の乳房をしゃぶりながら体温や鼓動とともに母性の深い慈愛を感受し、やがて離乳に伴って自立への芽を育て、スプーンや箸《はし》を持つようになって、規則正しい食事の習慣とともに自ら生きていく逞しい心も育っていくのではないでしょうか。

運動能力や体力の発達についてもまた同様に、幼少年期には年齢に応じて獲得されるべき能力があり、それを礎として技術を伴う運動へと発展させなければなりません。歩くことに始まり、走る・跳ぶ・投げる・蹴る・叩く・押す・引く・よじ登る・ぶら下がるなどの自然的本能的な運動がさまざまな運動遊びを通して十分に体得されることが大切です。そのことが運動学習の基礎なのです。

さらに運動遊びには、自由性を伴い、不思議な体感や快い感じの体験あるいは競争、闘争などの本能的欲求を充足させる内容が含まれてこそ子どもを惹きつけるのです。そして無秩序な遊びから、子どもながらの規律をもった遊びへと発展して、やがて運動の合理的な法則やルール、マナーを学ぶことになります。しかも一貫して「こんなことができるよ！」といった達成感、「よくできたね！」と言われた時の称賛や承認の喜びに後押しされて、ますます運動遊びに熱中していくという特性を持っています。

さて、習い事の対象の多くは人類が長い年月をかけて築き上げてきた文化であり、それには人びとの生活に潤いと活力を与え、仕事から解放して生活に豊かさをもたらすものが含まれています。また人間の全人的調和のとれた発達に有益に作用する教育的価値（情操教育・健康教育・道徳教育など）をも含んでいます。幼少年期の子どもに習い事をさせるのは、そのような教育的価値を認めるからに他なりません。

しかしながら、先にも述べたように幼少年期には通過すべき発達課題があり、いきなり文化の体系的内容を学習させることは良い方法とはいえません。まずは子ども達を惹きつける内容や方法を充分吟味することが大切です。

現代社会と幼少年の剣道修錬

高度文明社会に生活する私達は、文明の利器を活用して経済性や合理性を追求することに傾斜しがちです。このような社会は、発育発達途上にある幼少年期の子ども達には、必ずしも有益な影響を及ぼしません。過剰供給された物資の溢れる社会は、子どもの心の好ましい発達を抑制すらしているのです。

剣道の修錬目標を単なる運動技術の獲得に置いたならば、運動の経済性や合理性の追求に目が向き、試合偏重に走り、勝敗の結果のみにこだわることになるでしょう。

文明社会が物の量的拡大に走り、市民の生活もまた物の量の獲得に走ったことが反省される今日、剣道入門期の幼少年指導においても、剣道の文化的内容に触れさせながら一歩一歩の過程を大切にしていかねばなりません。

〝三つ子の魂百まで〟と言われますが、剣道の修錬においては先生と弟子の魂の触れ合いを大切に取り上げなければなりません。すなわち互いの人格を尊重しながら、厳しさや激しさを伴う剣道の稽古を〝共に歩む〟という師の態度に現し、喜・怒・哀・楽を共にする指導の姿勢が大切です。正しい基本を身をもって学ぶことは善悪の判断力の源となり、正しい礼儀作法を励行することは円滑な人間関係維持のための行動の規範の体得につなげなければなりません。

幼少年期の剣道入門に際して

剣道という我が国の伝統的運動文化を習い始める子ども達に対して、次の三つのことは是非とも留意して指導したいものです。

その第一は、〝礼儀作法が正しくきちんとできた時は褒められる〟〝行儀作法が悪いことは恥ずかしいこと〟の理解です。時と場所と相手を認識して、正しい姿勢と素直な心で礼をする習慣は世の東西を問わず人としてまず身に付けたい徳性です。イギリスの家庭では子どもに、人に何かを依頼する際には必ず、「プリーズ」と「サンキュー」を付け加えることを教育しますし、失礼なことがあった場合には直ちに、「ソーリー」と素直に謝罪の意を表現する習慣を身に付けさせると言われます。道場で習い覚えた「お願いします」「ありがとうございます」「すみません」が家庭や学校生活でも活きてこなければなりません。正しい礼儀作法の習得は、敬語を使う習慣や弱者への心配りへと発展し、互いに相手の人格を尊重し合う豊かな態度形成の基本といえるでしょう。

第二には、〝教えられたことをその通りに実行する時には、思い切って精一杯やれば褒められる〟〝うまくできないことよりも精一杯やらなかったことのほうが恥ずかしい〟の理解です。最近の子ども達に、子どもらしさが失われつつあるとよく耳にします。無邪気さや腕白《わんぱく》さを許容する大人の側の度量が小さくなって、過保護、過干渉の傾向が蔓延《まんえん》してはいないでしょうか。周囲を気にしてばかりいて、遠慮がちに他者を真似て同じように振る舞おうとする、あるいは自分の中に閉じこもるのではなく、ハツラツと自己表現のできる素地を作ってやらねばなりません。剣道修錬の場面でも、運動の仕方を理解することはかなりの複雑で高度な学習能力が必要となります。特に幼少年期では、先生の指導ことばの理解や示範を見抜く力に、個人差が大きくあるものです。すぐに器用にできるようになる子どもは少なく、そうでない子どものほうが多く、しかも個人によって理解のスピードはさまざまであることを知らねばなりません。

したがって運動の出来ばえに注目するのではなく、その意気込みや態度に注目して、僅かな向上も見逃さず褒めながら、うぬぼれさせないように指導者の度量の広さや我慢の姿勢が望まれます。いたずらに高圧的な態度で強制したり、大声で叱りつけたり、制裁を加えたりすることは厳に慎まなければなりません。一所懸命やろうとする意欲を引き出して、成就の喜びを感じさせ、新しい課題に挑戦させることによって継続の意欲も生まれるものです。

第三には、〝剣道の対人的運動では姿勢や足の使い方が正しく崩れなければ褒められる〟〝あわてて竹刀を振りまわして打っても前のめりになっていれば恥ずかしい〟の理解です。剣道では古くから足の運用を重視して取り扱い、腰の安定した水平移動を求め続けるものです。そしてその課題は入門期はもとより高段位を目指す段階でも重要な課題となります。左足で体を支え、右足を踏み出す際に腹を突き出すようにして左腰を引かない前方への素早い移動（踏み込み動作）と右足を踏みつけた直後の素早い左足の引きつけが円滑にできるようになることが基本技能の第一歩です。このしっかりした足腰の運用の習得には充分な時間をかけるべきです。そのため、いきなり長く重い竹刀を持たせたり、振り動作と一致させることを急ぐことは避けなければなりません。

竹刀操作と踏み込み動作を協応させることは、かなり高度な神経—筋運動系の調節機能を必要とします。運動練習でいうところの分習法を用いて、リズミカルな軽快な動きから導入し、直立姿勢を保持したパワフルな足腰の運動へと発展させる過程を重視したいものです。竹刀を持つと、どうしても早く打ってやろうという意識が先行して、肩や右腕に力が入るばかりでなく、上体が前傾して、不適当な歩み足の癖がついてしまいがちです。そのことが、起こりと打ちが連動した、スーッと打ち間に入ってポン！　という感じの一拍子の打ちの習得を妨げて、相手に遅れることとなり、ますます肩や手に力が入りすぎて、小手先で打つ悪癖となります。したがって幼少年の入門期には竹刀の重さや長さについては細心の注意を払って指導にあたる必要があります。

【竹刀を選ぶ】

剣道の稽古に欠かせない竹刀は、幼少年期では正しい基本動作の習得に、特に強く影響を及ぼす重要なものとして捉えるべきである。木刀や摸擬刀などを用いて正しい握り方を体得させたい。

先にも述べたように剣道の稽古に欠かせない竹刀は、幼少年期では正しい基本動作の習得に、特に強く影響を及ぼす重要なものとして捉えておかねばなりません。

雑誌『剣道時代』一九八七年十月号臨時増刊『竹刀百科』で牧村二郎氏がご自身の体験と工夫研究の成果を詳細に報告しておられます。大いに参考にされると良いでしょう。一部重複しますが留意すべき点について触れておきましょう。

第一に、竹刀全長の目安です。牧村氏は三尺を基準として示しておられますが、これは五歳～八歳頃の肩峰高（肩関節先端部から床までの長さ）に近似しており、肩の高さより短いものを目安にすると良いでしょう。

第二には、柄の長さです。熱心に稽古している子どもの中に、極端に左肘が折れ曲がり、右腕を突っ張るような素振りをして、そのことが右手で打つ面打ちや左腰のひけた小手打ちにつながっているかわいそうな子どもをよく見かけます。これはまさしく柄の長すぎる（柄革が伸びきった）竹刀を使っていることに起因しています。振る方向は異なりますが、野球のバットやゴルフのクラブは左右の手は接して（あるいは一部を組み合わせて）握り、腰の回転運動を円滑に用具に伝導し、スウィートスポットに当てて用具のスウィングラインがボールの芯をとらえることによって大きな飛距離を得ようとするものです。剣道の場合も、左右の握りの幅が狭いほど両手の操作は容易になります。応用の技を用いる段階になると一握りから一握り半ほど間隔を開けて、多様な応用操作を可能にしますが、基本的に正しい竹刀操作を身に付ける段階では、小手の頭《かしら》（筒部を除いた部分）が僅かに触れるよう柄を短く〈左ページ写真A〉調節すると良い効果が得られると思われます。柄の長さを調節せずに正しい操作に気付かせるには、柄頭を余して右手のほうに左手を寄せて振ったり、打ったりさせると驚くほどに矯正の効果が現れます。

第三には、柄の形状です。最近の高校生、大学生の素振りをよく見てみると、極端に両手首を内側にしぼりこんでいるのを見かけます。これは入門期に「しぼる」という言葉が記憶されてしまって、雑布をしぼる要領で素振りしたり、面を打ったりしているようです。茶巾《ちゃきん》しぼり

【注】

柄が長すぎると極端に左肘が折れ曲がり、右腕が突っ張り、そのことが右手中心の打突につながってしまう。柄の長さには充分注意したい

〈写真A〉
▼段階的に指導する場合、小手の頭が僅かに触れるよう柄を短く調節し、正しい竹刀操作を身に付けさせる（写真は素手の場合）

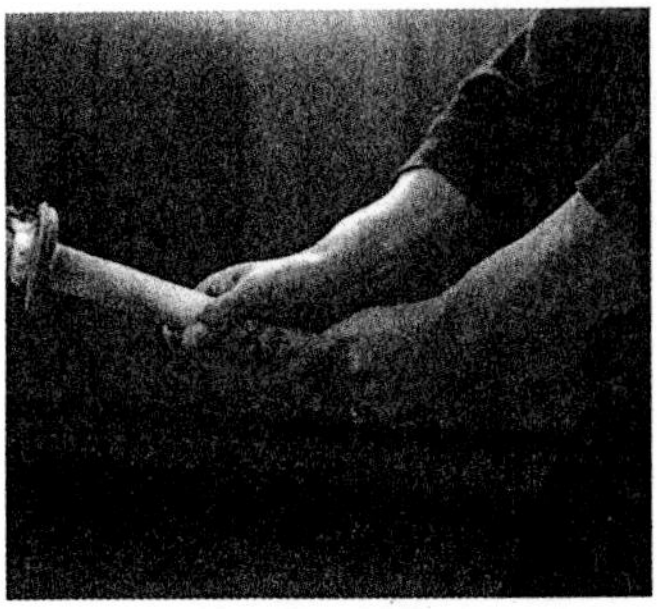

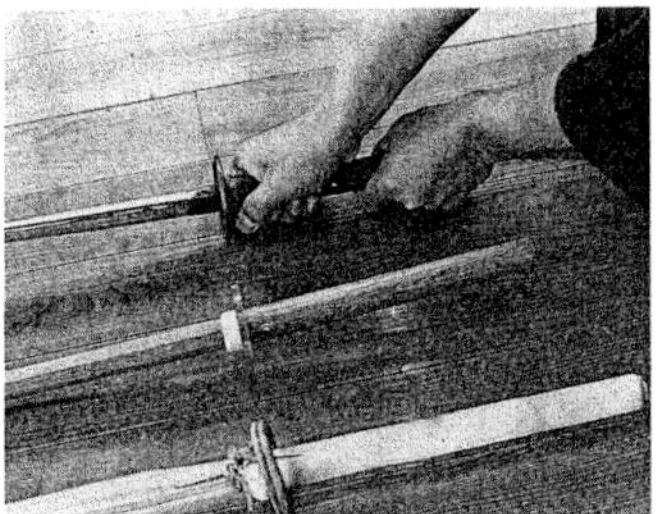

木刀や模擬刀などを用いて正しい握り方、特に柄の形状に添って適度に〝しめる〟という要領を体得させる

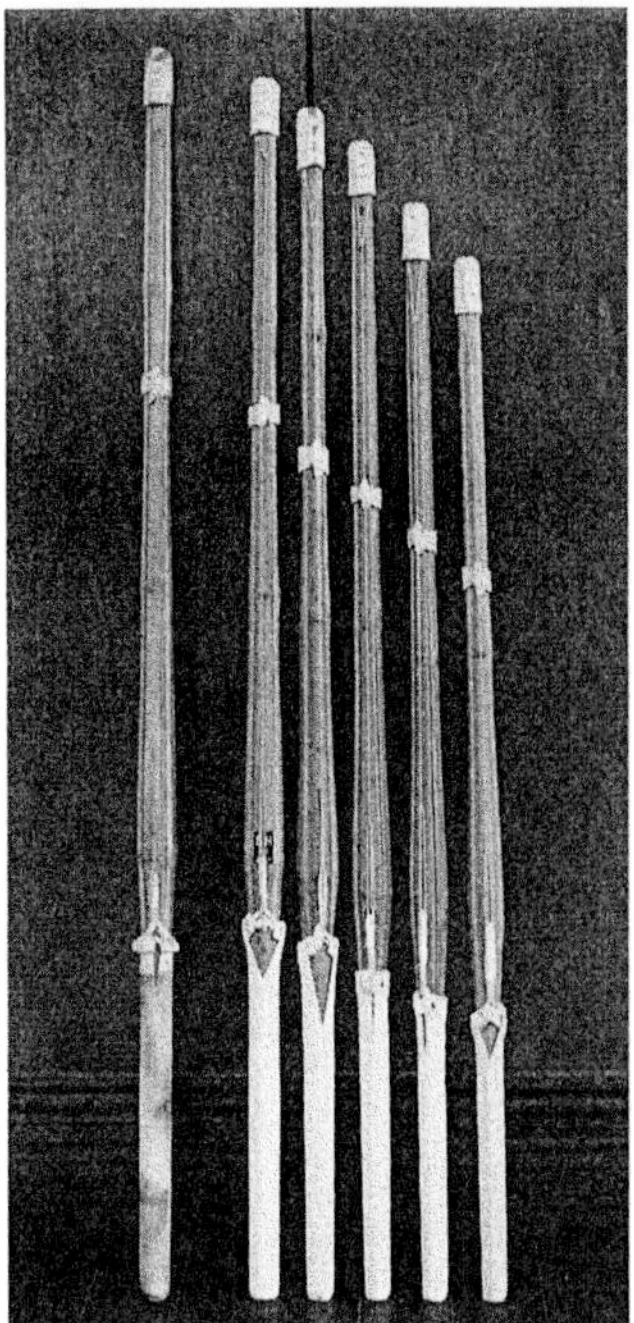

著者の竹刀（左端）。三九の竹に三七用の柄革を使用している

のしぼりとはまったく違ったことをやっているのを見過ごしてしまった指導者の過失と言わざるを得ません。正しい握りとは、小指側を主にして〝しめる〟という要領を入門期に記憶させたいものです。〝しぼる〟運動は左右のバランスがうまくとれません。右手が一瞬早く強ければ左手の内で柄が左にまわり、刃は右斜め下を向き、左手のほうが早く強ければ右手の内で柄が右にまわり、刃は左斜め下を向くことになります。剣道の打つ動作から刃筋の概念を取り去れば、技術の本質を逸脱してしまうことは異論の余地はありません。そこで入門期には少年用の木刀や小判型の柄を用いて正しい握り方を体得させ、ことさらに内側にしぼり込むのではなく、柄の形状に添って、適度にしめる要領を体得させるのは良い方法といえます。

第四には、同じく柄の形状ですが、柄頭の部分が右手の部分よりも著しく細い竹刀が気になります。野球のバット、テニスのラケット、ゴルフのクラブでは元手の部分が少し太くなっており、打つ時に元手がゆるまないようにできています。日本刀の柄ではほぼ同じ太さですが、〝巻きどめ〟によって元手が外れないようにできています。柄頭部の細い竹刀で左右の手の内を同時にしめたとすれば、柄の太いほうが一瞬先にしめの効果が作用し、大切な元手のゆるみを起こしやすくなるのは当然でしょう。元手の用い方が十分に体得されている人ではそれほど問題にはなりませんが、入門期の幼少年の竹刀だからこそ、せめて元手の位置と右手の位置での柄の太さを同一にする工夫が施されて然るべきだと考えています。

第五には、竹刀重量のバランスの問題です。同じ重量の竹刀でも重心の位置によっては随分とその重量感が異なることはよく体験するものです。先述の牧村氏によれば、三九の竹刀で実験してみたところ、重心の位置が柄頭から五十七cm（柄頭から四七・五％の位置）に重心のある竹刀は誰しもがその調子の良さを認めていたようです。ところが重心の位置が一cm先のほうに寄りますと、先の重さが気になると報告しています。逆に一cm手元のほうに近づけますと、何となく頼りなく感じると報告しています。竹刀の節の位置にも関連しており、第一の節が先端部に寄りすぎず、中結の少し先にあるものを選ぶと良いでしょう。

幼少年用竹刀の柄の長さや形状については先に述べましたが、筋力の発達過程にある幼少年については、剣道の基本を身に付ける大切な時期であることを考慮して、きめ細かに個人に適合した竹刀づくりは是非とも実践していただきたいものです。その際、柄頭から約四七・五％あたりに重心の位置があり、やや先を軽く感じることができ、竹刀操作時に右手や肩に過剰な力みが生じない竹刀を選んで使わせていただきたいものです。ただし、先を軽くしようとして自己流で削って先のほうを軽くすることは決してやってはいけないということをつけ加えておきます。

【剣道着・袴の着装】

剣道着や袴を初めて着た時の誇らしい気持ちを大切にし、そのきちんとした着装に意欲を重ねることの大切さを指導したい。正しい着装は身を正す気配りとともに、真剣味ある稽古への第一歩と心得るべし。

幼少年の入門者にとって、初めて竹刀を手にした時の感激や緊張感は大切にしてやりたいものです。さらに剣道着や袴を初めて着た時の誇らしい気持ちもまた大切にし、そのきちんとした着装に意欲を重ねることの大切さも指導しておきたいものです。

はじめの段階では家庭で親が着せることになりますが、雑な着付けには、誇りや真剣味のある稽古への心構えも育ちにくいものですから充分気を付けなければなりません。以下に着付けの留意点を示しておきましょう。

まず剣道着は、成長や洗濯による布のちぢみを考慮して本人の体格より少し大きめのものを購入することになります。そこで、購入したものをそのまま着せるのではなく、子どもの胴まわりや胸まわりの大きさに適合するように結び紐の位置を調節してください。また胸が開けないように襟と襟が交叉するあたりに、目立たないようにマジックファスナーなどを利用して、胴体にほどよくフィットするようにしておきましょう。幼少年期の体型は壮年の体型とは大いに異なり袴の帯がなかなか定まらず、少し動くとゆるみが生じて、剣道着の乱れにもつながります。そこで、剣道着を着たら晒《さらし》などを用いて適当な幅の帯を二〜三巻きしておいて袴を着け

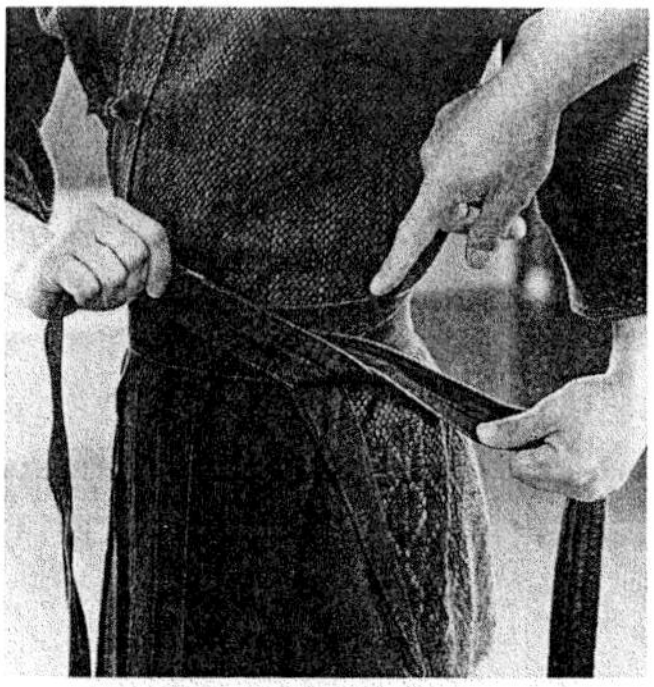

和服の身支度を整える際には、表に見えない所も丁寧に確かに仕上げる。身とともに気を引き締め、行動に対する気構えを形成する

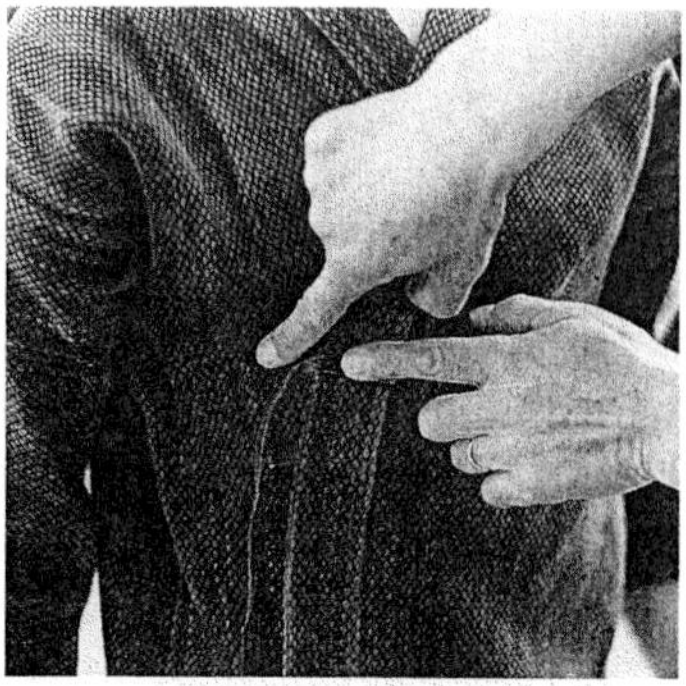

特に子どもは体格より大きめのサイズを着用する場合が多いので胴まわりや胸まわりの大きさに合わせて結び紐の位置を調整する

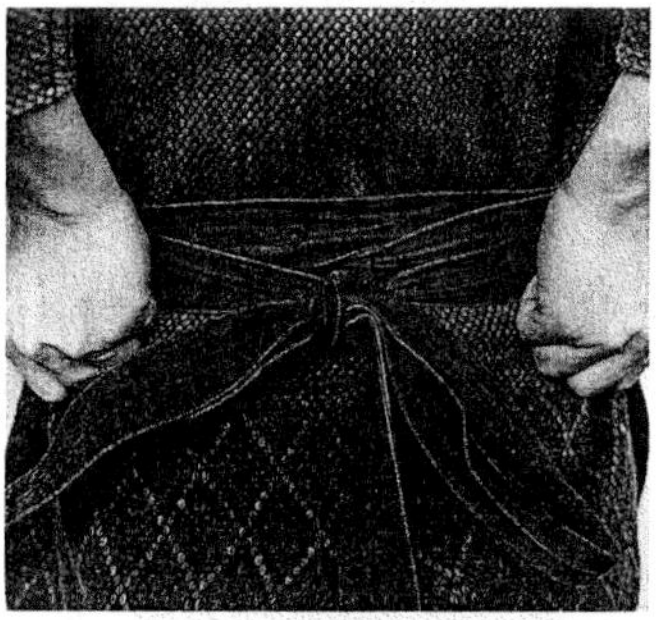

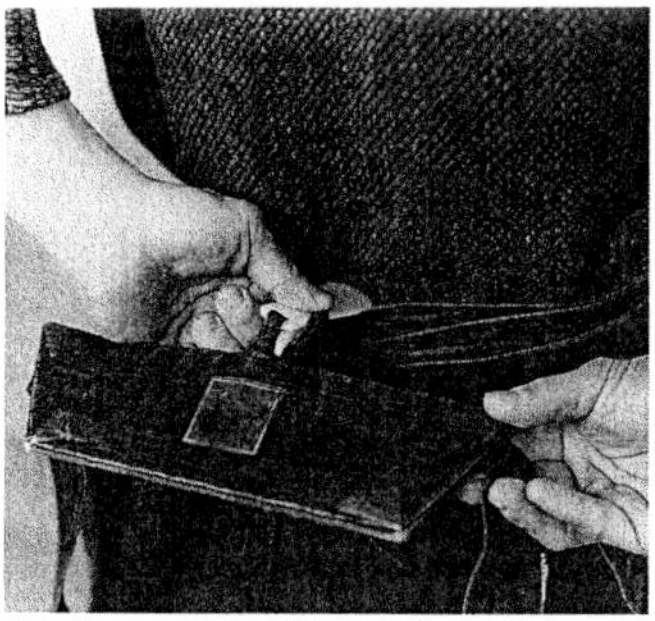

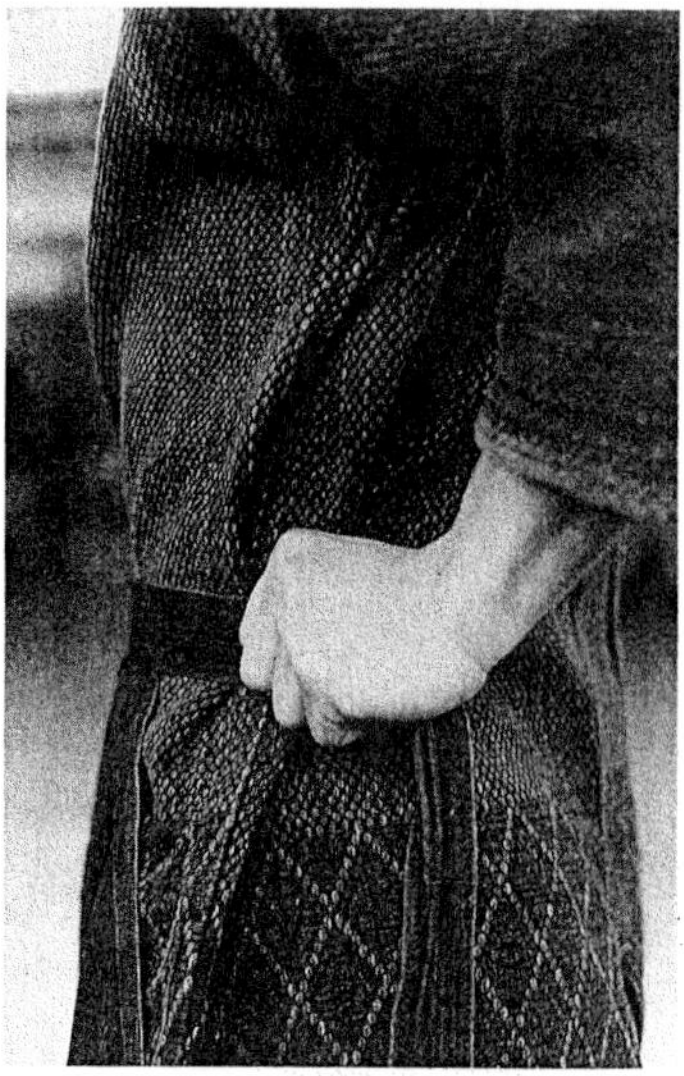

裾の長さを調整しながら袴の帯を巻き、後ろの腰の結び目の上部に乗せるようにして着付けると、袴の裾が前下がり後ろ上がりに着付けやすくなる

〝襟首、袴腰を正せ〟の教えのように、首すじが道衣の襟に接し、袴の腰板が背中にピタッと付いた姿勢で動作できるよう着装する

ると良いでしょう。

なぎなた界では、形の演技競技もあり、着装の乱れを生じないように厳しく指導しております。晒の反物を三つ折りにして胴体に二巻きして腰の部分で結んでおき、帯に添って袴の帯を巻き、腰の結び目の上部に腰板を乗せるようにして着付けますと袴の裾が前下がり後ろ上がりに着付けやすくなります。剣道着の背中のふくらみや前身ごろの開け、あるいは袴の裾の後ろ下がりなどに無頓着なようでは、正しい技能習得への気構えも起こってはきません。古くから道衣、袴を着けた時の心構えとして〝襟首、袴腰を正せ〟という教えがあります。首すじが道衣の襟に接し、袴の腰板が背中にピタッと付いた姿勢を保って動作せよ、と教えています。これらは、身を正す気配りとともに剣道修錬者としての誇りや美意識の育成も願っているのです。

袴の折り目が五つになっているのにも意味があります。その一つは、五本の折り目は、人の倫理の道標である〝仁・義・礼・智・信〟を意味し、また武の五徳と言われる〝勇気・正義・廉恥・謙譲・礼節〟を意味するとも言われています。いずれにしても、そのことを知っているだけでは意味をなさず、袴を履くたびに自らを顧《かえり》みて、あるいは心の構えを正して真剣に稽古しようと心に誓って道場に入る習慣にまで発展させてやるべきでしょう。また、クラブのモットーや道場訓と重ねて幼少年に理解されやすい言葉や内容に置き換えて指導し、剣道修錬の目標が理想の人間形成にあることを信じ、剣道を誇ると同時にそれを修錬している自分自身を誇りに思う子どもの心を育てることにも活かしたいものです。

さて、剣道着・袴を着る際には四〜五ヶ所紐を結ぶことになりますが、ここにも学ぶべき事柄があります。私達の身のまわりの生活には紐の解き結びといった技や習慣が徐々に少なくなってきました。いわゆる〝ワンタッチ装着〟という便利さを求めてきた結果ですが、それによって失ったものも少なくありません。和服の身支度を整える際には、身とともに気を引き締める意味をこめて、丁寧に確かに仕上げることによって行動に対する気構えをも形成したものです。かつて〝ゆるフン〟と言って男子のだらしなさを指摘しましたが、フンドシ（下着）の着け方ひとつにしても、ビシッときめて身を正し、気を引き締めて事に臨め、と教えたものでした。

また、指先を器用に働かせることは脳の活性を促し、幼児の知的発達や高齢者の痴呆抑制に有効に作用するとも言われています。さらに紐結びができるということと、結びをきめることができるということには、器用さや注意の集中、あるいは物事の節目の認識という点で大きな差があるように思えます。そのような習慣は学習の繰り返しによって身に付くものです。親の手つきや結び目の感触を見よう見まねによって〝まねる〟ことに始まり、やがて学び取って一人できちんと結びができるようにさせねばなりません。そのような意味で最初の先生である親の役割は重要です。

【第二章】

小学校高学年篇

いろ〳〵と構はあれど正眼《せいがん》の外にこころをうつすべからず

小学校高学年期の子ども（十歳から十二歳）の身体的発育・発達を運動能力や体力の観点から概観すると、およそ次のような特徴がみられます。

まず、神経と筋肉の働きによる運動の調整力が急速に発達してきます。神経系の発育は、すでに六歳頃には成人の九〇％にまで及んでいることがわかっており、骨格や筋肉が第二の発育急伸期にさしかかるこの時期には、運動の巧《たく》みさや確かさとなって現れてくるのです。

ただし個人的には体格の急な発育のためにバランスが崩れ、一時的にかえって動きがぎこちなくなったりする場合もあり、ここでも個人差に注意した指導が望まれます。この時期は着実に力強い動きへと発達が進んでいく過渡期ですから、無理せず、あせらず、正確な運動を定着させるよう留意せねばなりません。

次に運動を起こす力、あるいは力強い運動の原動力である筋力については、幼少年期よりは見違えるほど高まってきていますが、いまだ充実期には入っていません。したがって意図的に筋力アップのトレーニングなどをさせることは避けなければなりません。

同様に、心臓や肺の発育、循環機能の発達についても未熟な時期であり、やたらに長い時間ヘトヘトになるまで打ち込みをやらせたりするなど、持久力を必要とする運動を強いるのは望ましいことではありません。

一方、心理的面の発達については、幼児期と青年期という発達や変化の激しい時期にはさまれていて、比較的平穏《へいおん》な時期と言えます。しかしながら思春期の特徴の一つである抽象的思考力が発達しはじめており、感情的体験の積み重ねが、物の見方・考え方を固めてゆくことになります。

また、感情の表現の仕方も間接的になり、人間関係についても、集団の内部に強い仲間意識が芽生えると同時に排他性をも持ちやすい時期に入っていることを知っておかねばなりません。

指導者との魂の触れ合いや、剣道仲間との純情な心の交流、あるいは異年齢との接触や親の励ましなどによって逞《たくま》しく明朗な心を育《はぐく》む絶好の機会にしなければなりません。


【足捌き】

「手で打つな足で打て、足で打つな腹で打て、腹で打つな体で打て、体で打つな心で打て」の教えに沿って、基本動作の初歩は、身体の根本である足の運用から指導するべし。

基本動作の第一段階は、〝構え〟から入るのが一般的ですが、〝構え〟は静止した状態でよくできていても、あまり意味をなさないことがよくあります。じっと立っているだけで気品や凄《すご》味《み》を漂わせて敵を寄せ付けないほどの構えは、剣道修錬究極の目標であり、『荘子《そうじ》』の達生篇にある〝木鶏《もっけい》〟の教えがそれでしょう。

したがってこの段階では、剣道らしい運動を合目的的に遂行するための動的姿勢として〝構え〟を考えてみましょう。

そうすると、上体の安定を保って腰を水平に移動させるには、どのように下肢《かし》を用いればよいのかが課題になります。すなわち足捌きを第一に考えて指導に着手すべきであります。

人間の自然な移動運動である歩行（走行）と違って、〝送り足〟（移動する方向の足をまず踏み出し、他の足をただちに送り込むようにして引きつける）という非日常的で独特な足捌きを学ぶことから始まります。その際、

①左足の踵《かかと》を床からわずかに離し、右の踵も紙一重ほどすかしておくこと。

②両足先はまっすぐ前に向けておくこと。

③両方の膝は、突っ張らず、ほどよく曲がってゆとりが

両足はまっすぐ前に向ける。左右への足の開き具合は、握りこぶし一つ程度とするが、動き始めると狭くなってしまうことがあるので要注意

あること。

この三つは重要なポイントとなります。また、前進後退の移動運動をスムーズに行なうためには、進む側の足に重心をかけないことが大切です。

特に前進しようとする際に右足に体重がかかるような上体の前傾という悪い癖をつけないことは、入門期の重要な学習課題です。自然の歩行では前足に体重を移して後足の踏み出しを容易にしますが、〝送り足〟では後足側に重心を残して身体を左足で支え、前足の踏み出しを容易にしようとするので、まったく逆の使い方をすることになります。

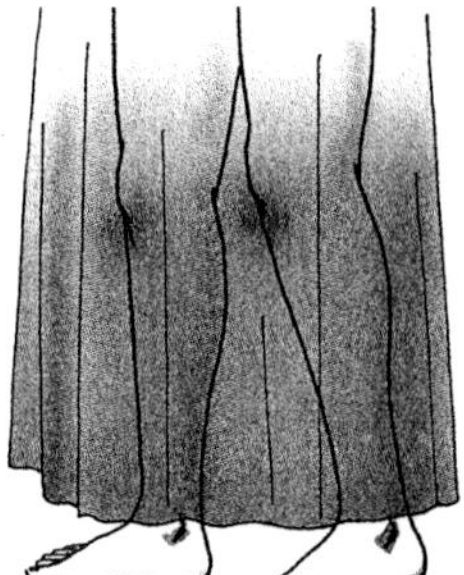

左足の踵を床からわずかに離し、右の踵も紙一重ほどすかしておく。前後の開き具合は右足の踵の線に添って左足のつま先に置く

意識して練習を繰り返し、習慣化しなければなりません。

さらにその後の〝踏み込み動作〟に備えて、両膝のほどよいゆとりを体得させるには、両足で垂直にジャンプし、着地した時の膝の使い方を体感的に覚えさせることは良い方法ではないでしょうか。膝を突っ張ったままでの着地は不自然ですから、何度も連続しているうちに鋭い踏み切りの準備体勢として身に付いてきます。

歩み足で踏み切りの幅跳び運動なども補助的に活用してはいかがでしょうか。

次に、足の上にある体幹部（胴体）の保ち方です。縦方向には無理に反りかえったり、腰を引いたりするのではなく、背すじも含み自然にまっすぐに立つ姿勢をとらせましょう。横方向については、右足を一足長ほど前に出し、右手を前にして構えますので、左腰は右側よりやや後方に位置するのが自然な腰の向きということになります。

しかしながら入門期には、意識して真正面に向くように習慣づけておきたいものです。これは打ち込む運動の練習の段階に至って、左腰が残って左足の引きつけ（送り込み）が遅れるといった動的姿勢に陥らないためにも、ぜひ注意して指導しておきたいところです。

さらに、足の開き具合の問題です。左右への開き具合は、基本的には握りこぶし一つ程度としますが、動き始めるとこれが狭くなってしまうことがよくありますので注意が必要です。動きを止めた直後に肩のあたりを横方向にちょっと押してやって、グラッと体勢が崩れるようではダメです。

次に前後の開き具合は、基本的には右足の踵の線に沿って左足のつま先を置くようにします。しかしここでも動き始めると、送り込んだ左足が右足よりも前に出てしまうことがよくありますので注意を要します。

したがって両足は前後に多少広めに構えさせて、大きく前進後退を繰り返し、左足が決して右足よりも前に出ることなく、安定した体勢での移動がスムーズに実行できる習慣を養うことが重要な課題となります。

要は基本的な動的姿勢を足捌きを伴って練習させる際には、大きな動作から入って次第に小さく速い運動へと発展させ、もっとも大切なまっすぐに上体を保持した腰の水平移動のコツをつかませることが大切です。

狭い足幅で前進後退を急がせると、上体を前傾しやすく、倒れ込むような歩み足のようになりますので、腰の入った滑らかな〝送り足〟を目指して充分に時間をかけて指導することが望まれます。

大きな前進後退運動によって、下肢(大腿部《だいたいぶ》や膝のまわり、足首)や体幹背部（腰部）に筋肉疲労感を自覚するようになってはじめて足腰で移動することを体得することになるものです。

そうすることによって次の段階である〝踏み込み足〟がしっかりとしたものになっていくのです。上体が前のめりになったまま形式的に右足を踏み込んでいたのでは、正しい動的姿勢の体得は望めませんし、正しい打突動作の習得は及びもつかないと言わざるを得ません。

最近の青年期の面打ちが、上体ごと崩れ込んで突き刺すように打って出て、自分の体勢を制御できずに相手にもたれかかっている様相がよく見られます。その原因は、入門期の足腰の使い方の基礎的能力養成の不充分さにあるようです。充分留意して、しっかりとした足腰を中心にした体捌きを身に付けさせておきたいものです。

【構える】

竹刀を構える前に、手刀《てがたな》で相手のみずおち（水月《すいげつ》）と臍《へそ》を突く気持ちで、スッと前に出させ、動的姿勢としての〝構え〟を身に付ける。

いよいよ竹刀を持って構える段階に入ります。木刀（竹刀）を持って構える練習に際しても少し工夫をしてみたいものです。一人で仮想の敵を想定して構えをつくるのは、かなり修錬を積み重ねて可能になるのであって、入門期にはやはり相手を前にして（できれば先生や有段の先輩が望ましい）、気構えも加味して導入するほうが良いと考えられます。

木刀（竹刀）を握る前に、手刀《てがたな》をつくって右手の先で目の前の相手のみずおち（水月《すいげつ》）を左手の先で臍《へそ》を突くようにスッと前に出させてみましょう。およその位置や攻めの気持ちを込めること、及び、手の向きを認識させる程度の動機づけとして興味をもたせて行ないます。

次に、少し間合をとって（木刀の先がわずかに交わる程度）、まず木刀の握りを習い覚えさせましょう。両手の親指が自然に上からかぶさるように握ることが学習のポイントです。

その際、五本の指は握るために曲げていても、手刀で突いたイメージを想起させて、対人動作の基本、すなわち気持ちは相手の身体の中心の方向にまっすぐに向けるよう心掛けさせるのです。なお、突き出すことに意識が注がれすぎて両肘が突っ張らないように充分留意しなければなりません。

左こぶしの位置は、基本的には下腹部臍の前から約ひと握り前に絞り下げた位置を目安とします。その際、相手（できれば先生や有段の先輩が望ましい）と眼と眼を合わせ、かつ足元から頭の上まで視野に入れて対峙するよう〝目付け〟についても指導したいものです。

足元や木刀（竹刀）の先端部を凝視したり、相手から眼を外すようであれば注意して指導しましょう。指導的立場の者は、極端に気魄を込めて恐れ心を抱かせるのではなく、ほどよく気を込めて子どもの気を引き出すことができれば満足です。「観《かん》の眼強く、見《けん》の眼弱く」です。

木刀を使って握り覚えさせることから始めるのは、上から握る悪癖を予防し、竹刀よりもバランスに優れ、左右の握り幅が竹刀よりも狭くしやすいことによるものです。

握る位置や力の入れ方は、基礎的な方法を充分体得させなければなりません。左手の小指は柄頭いっぱいの位置に、右手は鍔からわずかに離した位置とします。両手の小指・薬指・中指にやや締める力を作用させて、両方

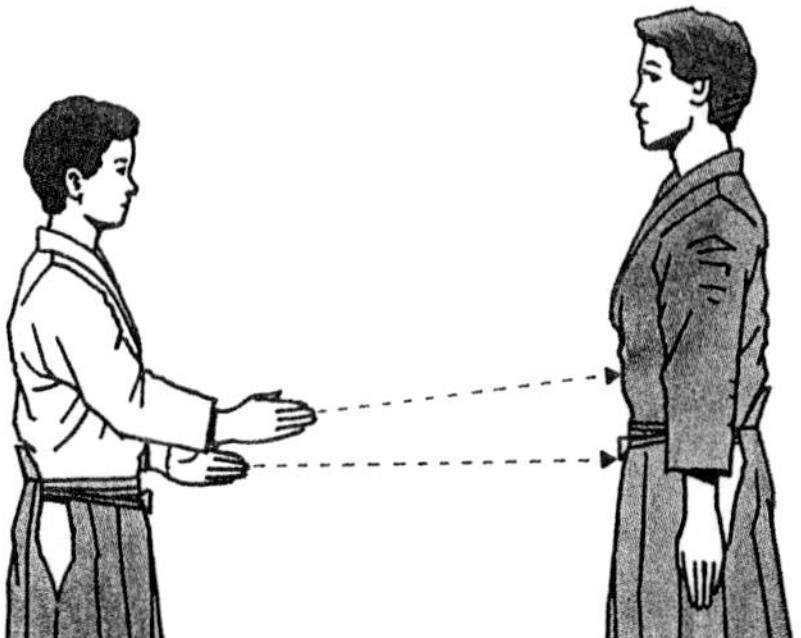

手刀を作り、右手の中指が相手の水月、左手の中指が臍にまっすぐ向くように、常に気持ちは相手の身体の中心に向かっていることを意識させる

の手を均等に用いて木刀を保持させることが大切です。

「左手を強く握りしめ、右手は軽く添えるように」と指導しますと、左の肘や肩のあたりにまで力が入ってしまい、構えがぎこちなく、振る動作の練習でスムーズな上下運動を阻害することになりかねません。竹刀の握りは両手の力を均等に作用させることをまずは第一に意識させましょう。

この段階では、ぜひ少年用の木刀を用いて構えや握り方に充分時間をかけて指導したいものです。竹刀を握り、振り始めてから発見された悪癖を、木刀で矯正する方法も考えられますが、筋・神経系の回路が固定しやすいこの時期に、充分木刀を握らせておけば、竹刀による構え―振り―打ちの技能の習熟が円滑に発展することになります。

【素振り】

振る運動は刀の引き上げにポイントがある。〝構えて動く―構えて動く〟の練習に興味をもって取り組ませる工夫を心掛けたい。送り足と協応させ、剣道らしい技能（剣体一致）の基礎づくりを目指せ。

続いて、いよいよ素振りの段階に入りますが、ここではいきなり大きな動作の〝上下振り〟に入るのではなく、ひと工夫が必要です。木刀を構えての足捌きを基礎として振る動作を導き出すという考え方が大切です。

「這えば立て、立てば歩め……」と急ぎがちですが、慌ててはいけません。〝構えて動く〟、振り上げたいのを我慢して〝構えて動く―構えて動く〟の練習を興味をもって取り組ませる工夫をしたいものです。

先生や有段の先輩と対峙して相手の中心に剣先を保持して動く中で、表や裏からパンと張ら

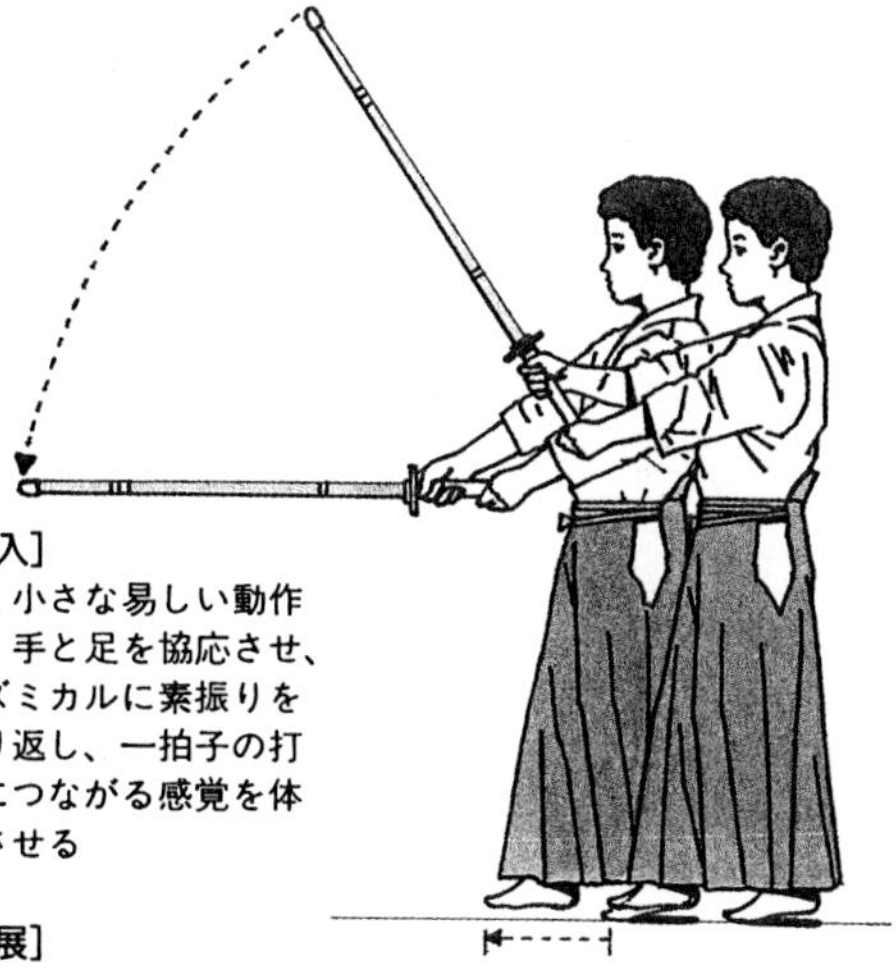

［導入］
ごく小さな易しい動作で、手と足を協応させ、リズミカルに素振りを繰り返し、一拍子の打ちにつながる感覚を体得させる

［発展］
手足のコンビネーションが体得できたら、剣先で大きく円弧を描くようなパワフルな上下振りを習得させる

れたり、グイッと押さえられたりする過程で手の握りを修正したり、張り返したり、押し返したりして、正中線の取り合いを実感させるとよいでしょう。

次に、手と足の協応技能の基礎づくりです。剣道の打撃技能の基本は、右足を前に摺り出しながら両手を上挙して木刀（竹刀）を引き上げ、左足の送り込みにつれて下ろす運動です。

この運動を一挙動で完了する技能が一拍子の打ちへと発展するのです。一拍子、すなわちリズムの体得が重要な課題となります。

したがって、はじめはごく小さな（易しい）動作で手と足を協応させ、リズミカルに繰り返す方法が望ましい導入と言えます。この小さくリズミカルな両手の上挙下降と送り足の前進後退運動との協応動作を、対人的に行なうことによって、次のような剣道技能の芽を体感させることができます。

すなわち相対的に（相手が出ればこちらは退く、またはその逆の繰り返し）動いた場合と、それが崩れた（両方とも前に出たり退いたりした）場合とでは、間合だけではなく気合も何か違いを感じるという体験です。ただ漫然と動くのではなく、対人的な感性をも刺激しておくことは意味のある練習となります。

手と足のコンビネーションがリズミカルに体得できたならば、次はパワフルな上下振りを習得する段階に入ります。右足を大きく前方に摺り出すことによって始動し、腰を引かず腹で左こぶしを押し出すようにして両手で木刀（竹刀）を一気に頭上まで持っていきます。直ちに左足を引きつけながら大きく円弧を描くように振り下ろします。

上下振りの練習・指導上の留意事項は、以下の通りです。

①振り上げはじめは木刀（竹刀）をいきなり立てるのではなく、両方の肘に意識焦点を置いて、両肩を中心に肘の角度を変えずに両肘を均等に上げることを意識させる。

②振り上げの最終局面では木刀（竹刀）先端が左こぶし（柄頭）よりも下がらないように、後方の天井を突き上げるような意識をもたせること。

③柄を握った両手の力の入れ具合は均等とし、振り上げ最終局面で左手の小指・薬指・中指に一時的にキュッと締める力を働かせる。それによって意識的に力を加えなくても、反動と木刀（竹刀）の重量によって自然に振り下ろされることになり、最終的な〝手の内〟の作用が働きやすくなることを体得すると同時に一拍子の打ちへ発展しやすくなる。

左右の面打ち（切り返し）や応じ技の胴打ちの基礎となる〝斜め振り〟は、体幹部の鋭い半転運動（体の長軸を中心にわずかに捻りまわす）が上体→肩→両腕に伝導して、自然に手の返りを生じさせるように指導したいものです。

振り上げ・振り下ろす要領は〝上下振り〟と同様ですが、手先だけを返して斜めに振り下ろそうとすれば、片方の肩が上がったり左こぶしが正中線を外れ、刃筋の立たぬ振りになります。

腰の鋭い半転運動は、腰骨の出っ張ったところ（腸骨稜《ちょうこつりょう》）に意識焦点を置いて、僅かに鋭く引く要領をつかませ、その動きが上方に伝わって手の返しになり、下方に伝わって〝開き足〟になるように指導しましょう。

以上のように剣道らしい動作に適応する合理的な動的姿勢として〝構え〟を身に付け、基本的な振る運動も送り足と同調させて手足の協応という剣道らしい技能（剣体一致）の基礎づくりを大切に取り扱ってください。

また形をつくることと運動内容（リズムやコンビネーション・リラクゼーションなど）を体得させることを併行して指導することも大切な指導の課題です。

【剣道具】
剣道具は我が身を防護するプロテクターではなく、剣道修行（人間形成）に欠かせない、もの言わぬ伴侶《はんりょ》である。剣道具に対し愛着心が芽生えるよう指導したい。

近頃では、最初から個人用の新品を購入してもらって喜び勇んで着けてみて、身体になじまず苦労する子どもが多く見られます。かつては、先輩の〝おさがり〟をいただいて（少々臭《にお》いは気になりましたが……）充分使い慣れてから、継続の意志を確かめた上で新しい自分の剣道具を手にしたものでした。

　それだけに喜びは大きく、稽古のない日でも着けては外し、また着けてみるといった具合に愛着心が自然に芽生えたものです。剣道具が一揃い完成するまでには、少年用の普及品といえども道具職の方々の多様な技が手作業によって加えられています。

　我が身を防護するプロテクター（防具）としてのみ意識するのではなく、木刀や竹刀と同様に剣道修行（人間形成）に欠かせない、もの言わぬ伴侶《はんりょ》として認識させなければなりません。

　まずは道具にきちんと記名することに始まり、指導者自らが手本をみせて剣道具の手入れや竹刀の補修を体験させたり、剣道衣・袴を子ども達と一緒にたたむことを通して、単なる物ではなく、大切な道具として一礼して着けたり一礼して収納したりすることを実践してはいかがでしょうか。

垂

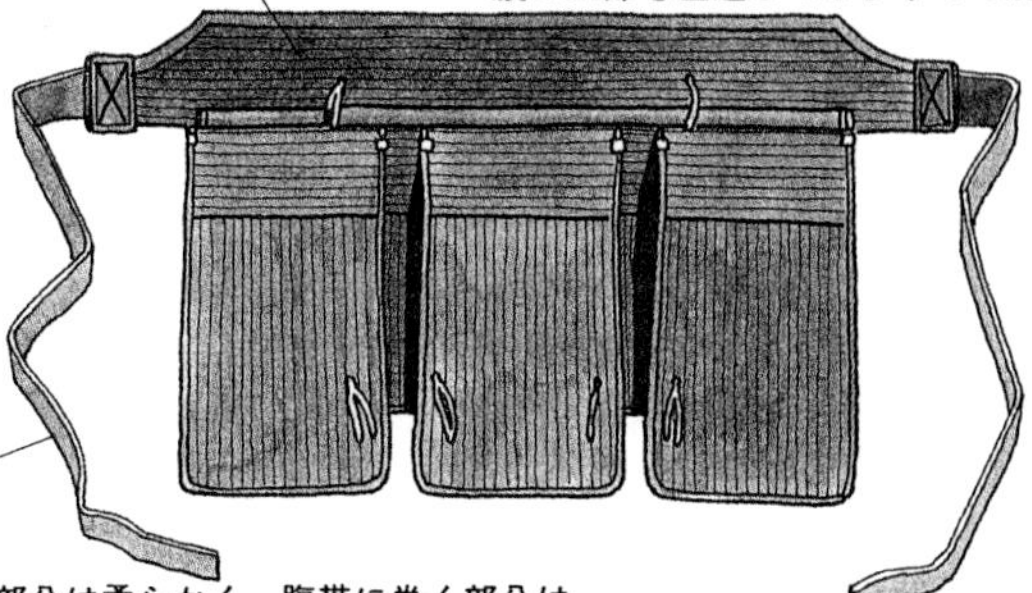
腹帯《はらおび》
幅が広すぎると正座や座礼の際、
腹の上部を圧迫してしまうので注意
脇紐《わきひも》
結びに用いる部分は柔らかく、腹帯に巻く部分は
しっかりとしたものを選び、よれが生じないように

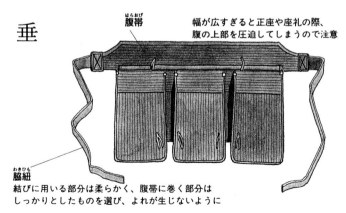

剣道具を着ける時期については、さまざまな考え方がありますが、垂・胴・面・小手のすべてをはじめから一緒に着けさせるよりは、技能習得の稽古に必要が生じた時に必要なものから着けさせる、という考え方が良いと思われます。

垂の選び方と手入れ

子ども用の垂にも手刺しとミシン刺しがありますが、いずれもカチンカチンに硬いのは好ましくありません。また飾り糸が何段あるかによって価値も違いますが、使用に際してはほとんど関係ありません。

ただし大垂・小垂と腹帯とは密着していて、はじめは身体の腰のカーブになじまず違和感がありますので、使う前に大垂の上端部に形をつけて柔らかくすると使いやすくなります。

また、腹帯《はらおび》の幅があまり広いと正座や座礼の際、腹の上部をつき上げることになるので、ほどよい幅のものを選ばせましょう。腹帯に続く脇紐《わきひも》は、結びに用いる部分は柔らかいほうが使いやすく、腹帯に巻く部分はしっかりしていたほうがよいので、よれが生じないように気を付けたいものです。腹に巻く部分には裏側に厚手の当て布を施してミシンがけをして補強したり、しまう時にしわよれをよくのばしておくなど心配りが必要です。

胴の選び方と手入れ

胴はいくつかの部品が組み合わされており、多種多様な仕様の製品がありますが、打突のショックから身を護《まも》る機能には大差はありません。ただし発育による体格の変化が著しいからといって、あまり大型のものを着けますと、胴胸《どうむね》の幅が本人の胸幅に比べて大きく、腕を充分に伸ばせないことがありますので注意しなければなりません。

紙製のファイバー胴では多少胴台《どうだい》の幅を調節できますが、他の材質では無理ですから、本人の胴体からこぶし一つくらいのすき間を目安に大きさを選ぶようにしたいものです。

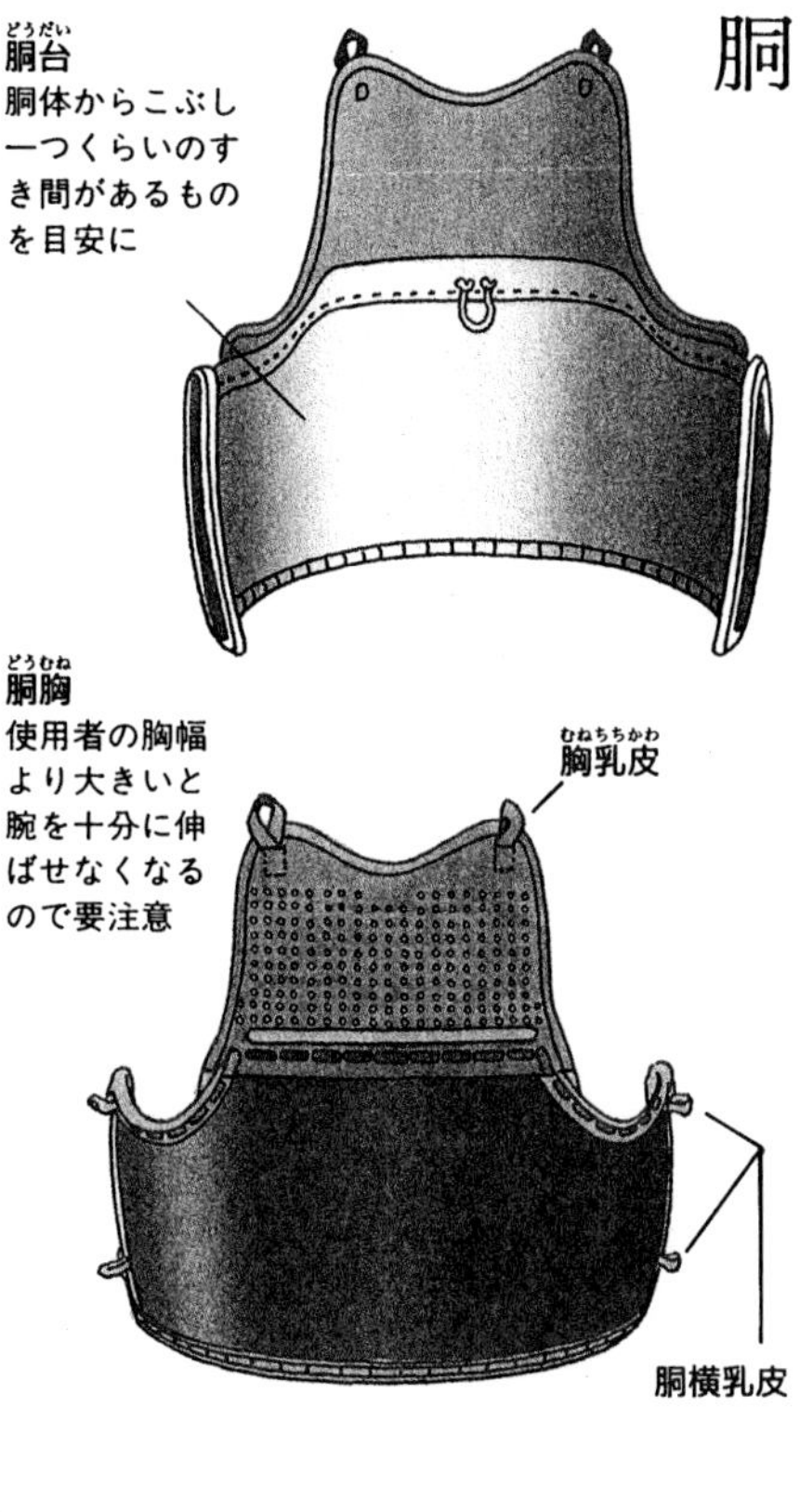
胴
胴台《どうだい》
胴体からこぶし一つくらいのすき間があるものを目安に
胴胸《どうむね》
使用者の胸幅より大きいと腕を十分に伸ばせなくなるので要注意
胸乳皮《むねちちかわ》
胴横乳皮

そして、胴台を無理に狭めたり広げたりしないよう、しまい方に注意させてください。胴の胸乳皮《むねちちかわ》と上紐を結ぶ時は、「引き解《ほど》き」に結びますが、その際、乳皮を結び目と一緒に握り、肩からきている紐を持ってしっかり引っ張って、きつく締めておきましょう。

ただし、胴の胸の部分を持って引っ張ると乳皮に無理な力をかけて切れる恐れがあるので、結び目と一緒に握り込むことが大切です。また、胴横の乳皮の結び目がゆるんで、稽古中に胴紐が外れるのが見かけられますので、剣道具への愛着と同時に各結び目をチェックする習慣も養っておきたいものです。

面

面の選び方と手入れ

面を選ぶ際に留意すべき点は、まずそのサイズです。人の顔や頭の形はさまざまですから、実際にかぶってみて〝内輪《うちわ》〟という顔面に接する部分、特に額《ひたい》と顎《あご》が〝天地〟にぴったりと合うことが大切です。その際、正しくかぶって〝物見《ものみ》〟から相手が見えるか、後頭部が極端に

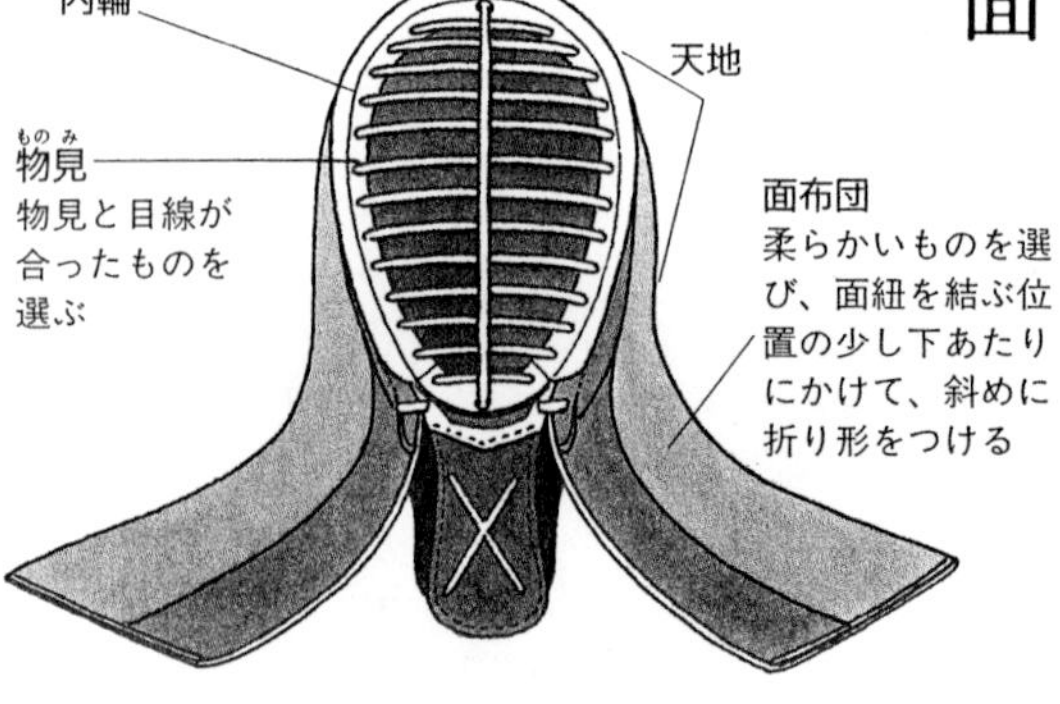

内輪《うちわ》
天地
物見《ものみ》
物見と目線が合ったものを選ぶ
面布団
柔らかいものを選び、面紐を結ぶ位置の少し下あたりにかけて、斜めに折り形をつける

出ていないかチェックしてください。使い慣れてきた時に顎の下にすき間ができている子どもをよく見かけますので、はじめは多少きつめのものを選ぶと良いでしょう。

次に〝面布団《めんぶとん》〟の材質や仕上げ方です。これは頭部への打撃衝撃を吸収する重要な部分ですから、硬いものよりも柔らかいもののほうが良いと思われます。新品の面は多少硬さがあり、動きにくいものですから、使用する前に顎の〝止め革〟あたりから、後ろの面紐を結ぶ位置の少し下あたりにかけて、斜めに折り形をつけておきましょう。

なお面紐は使っているうちに伸びるものですから、「結び目から40㎝以内」という規定に適合するように時折長さをチェックし、余った部分は切り離しておきましょう。

小手の選び方と手入れ

小手は剣道具のうちもっとも気を配って選ぶべきものと言えます。せっかく素手で身に付けた卵握りの要領や手首の使い方も、サイズの合わない小手を着けたがため

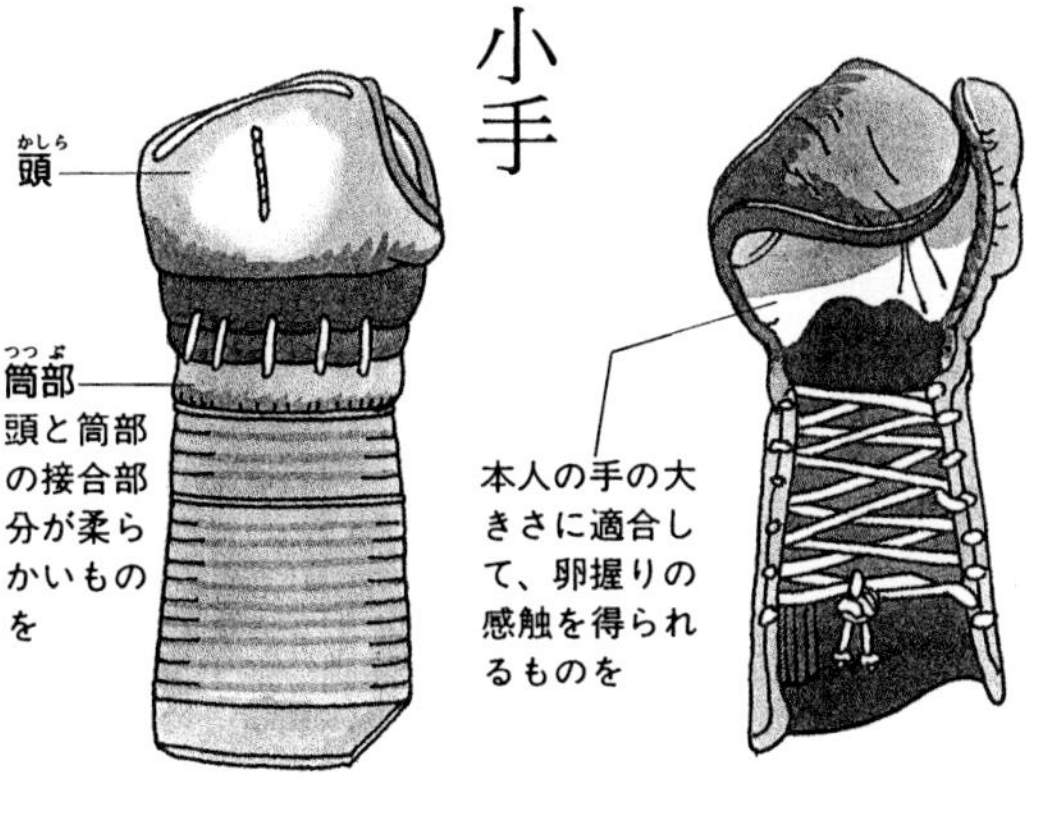
小手
頭《かしら》
筒部《つつぶ》
頭と筒部の接合部分が柔らかいものを
本人の手の大きさに適合して、卵握りの感触を得られるものを

に台無しになることがあるので注意しましょう。本人の手の大きさに適合して、しかも卵握りの感触が得られるもの、および〝筒《つつ》部《ぶ》〟と〝頭《かしら》〟の接合部分がやわらかくなりやすいものが大切な目安です。材質や手間のかけ方によって多様なものがありますが、もっとも汗にまみれ消耗の激しい部分ですから、高価なものを一つ持つよりも、適度なものを二つ持って乾かしながら交互に使用するのが良い方法です。

なお筒部の太さは、脱着しやすく、なおかつぴったりするように小手紐の長さを調節して余分な紐は切り離しておきましょう。

結びを決める

二本の紐をつなぐ結びは「本結《ほんむす》び」と言われ、それを〝引き解き〟にすると「蝶結《ちょうむす》び」になります。一回結んだ後、紐を返す際、反対側の紐の下をくぐらせると、いわゆる「タテ結び」になり、強く引っ張っても結びが決まらずに、すぐ解《ほど》けてしまいます。

「蝶結び」で左右に作った輪の一方は締まる働きをしますが、他方（紐の端のほう）は、解く働きをするものです。結び目を作ったら締まる側を確かめて、しっかり締めることが大切です。

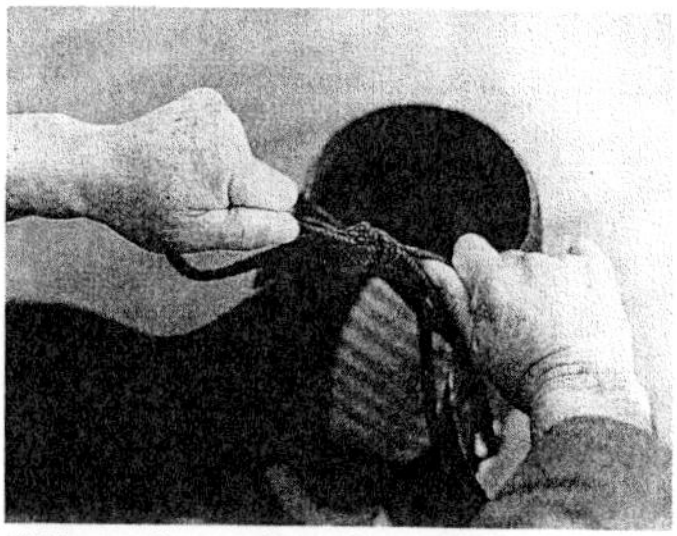

蝶結びで作った輪の締まる側の紐を引っ張り、結び目をしっかりと締める

道衣・袴の紐を結ぶ際には、紐と同じく気持ちも引き締めるように心掛けたいものです。要するに、結びを決めて仕上げること、すなわち締めくくりが大切です。

【第三章】

――中学生篇

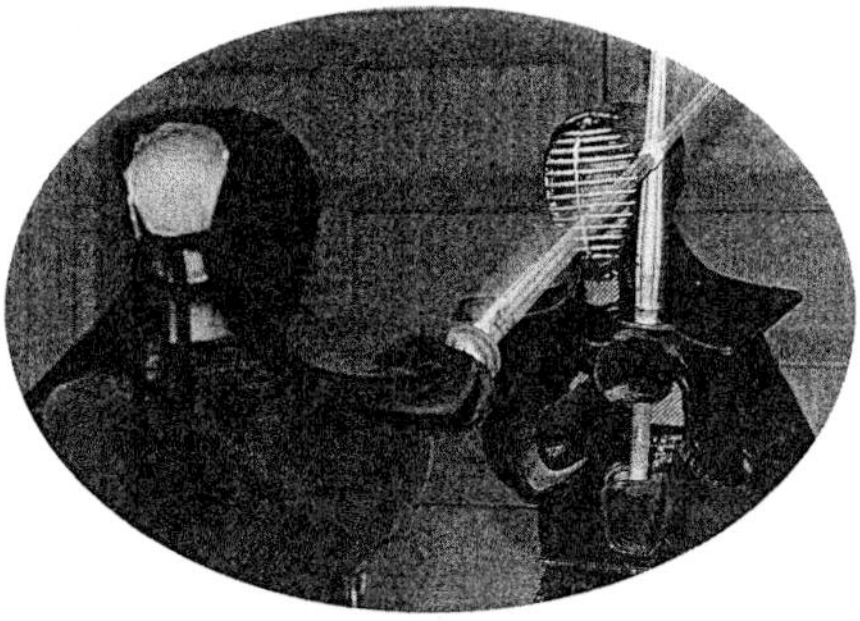

苦しさは己れも人も同じなり
今一と呼吸《いき》が油断大敵

中学校期の子ども（十三歳から十五歳）の身体的発達は、〝一夜明けたらズボンが短くなった！〟と言われるほどに急激な変化が現れます。しかしながら発育・発達のスタイルやスピードには個人差が大きく、早熟型と晩成型とがはっきりしてくるものです。また、第二次性徴の発現に伴って、体格や体力的に男女の性差が顕著になってくるのもこの時期の特徴です。

さらに急速な成長期に特有のスポーツ障害として、膝関節の軟骨組織に痛みを伴う異状を訴える（オスグット病）こともよくあり、過激な運動負荷には充分な注意が必要です。

一方、心理面の発達については、自分の身体的変化や特徴が気がかりになる年頃であり、心の未成熟さとのアンバランスが生じやすくなります。自我意識の台頭は明らかですが、時には大人のように、時には子どものように振る舞うなど揺れ動き、〝嵐の時代〟と言われる時期でもあります。

運動機能の面では、その年間発達量が非常に大きく、さまざまな技能に力強さやねばり強さが備わってくる絶好の時期でもあります。しかしながら、エネルギー系の発達は成熟時の五〇～七〇％レベルであり、高等学校以降の完成に向けての準備期と捉えておくべきです。

【空間打撃】

素振りで身に付けた竹刀操作が一拍子でスムースに、かつ正しい姿勢を保持し、しかもスピーディーにできるように足腰の運動を中心に繰り返し稽古する。〝剣道の打撃は当たればよいというものでない〟ことを厳格に示し与えることが青少年の剣道の質の向上に結びつく。

正しい構えと素振りを身に付けたならば、すぐにでも剣道具を着けた相手を打ちたくなりますが、その前に剣道特有の打つ運動を、一人稽古する空間打撃を身に付けましょう。

空間打撃では、素振り（上下振り、斜め振り）で身に付けた、手と足の協応運動や両腕の上げ下ろしが、肩・肘・手首の合理的な用い方によって、竹刀に伝わっていくしなやかな竹刀操作が一拍子でスムースに、かつ正しい姿勢を保持

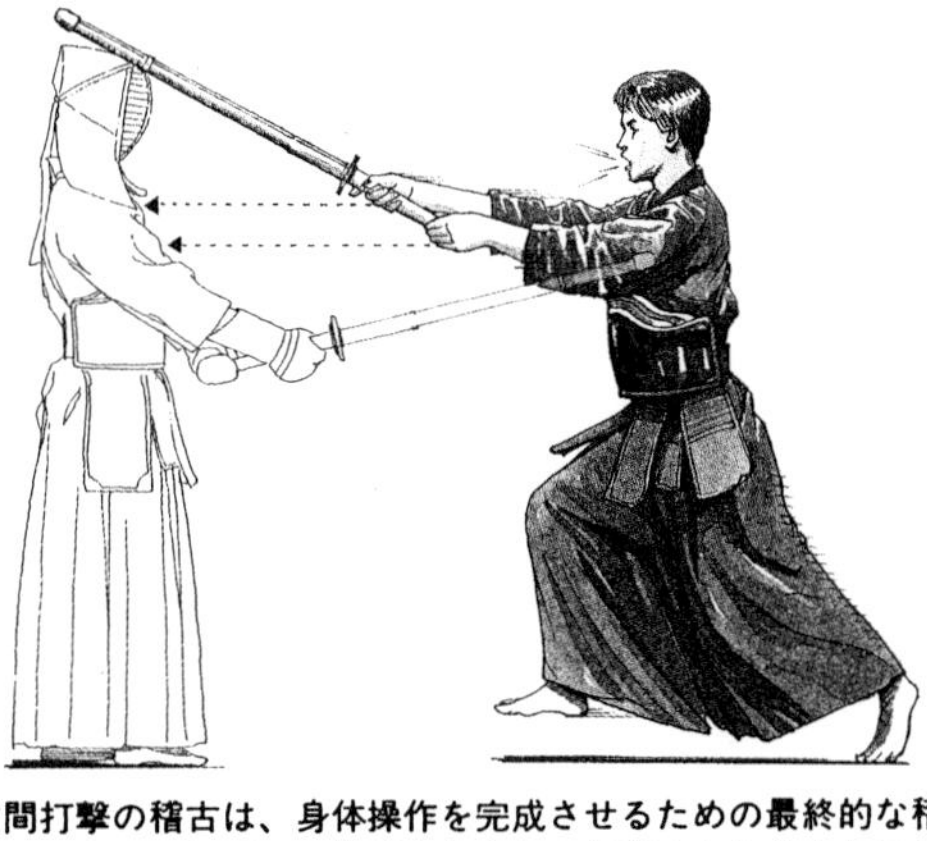

空間打撃の稽古は、身体操作を完成させるための最終的な稽古法である。相手から防御されたり、妨害されたりすることはないが、仮想の相手を強く意識して、大きな掛け声で打撃部位を呼称しながら打ち込むことが大切

して、しかもスピーディーに完了できるように繰り返して稽古しなければなりません。

空間打撃の稽古は、各自の身体操作を完成させるための最終的な稽古法です。したがって相手から防御されたり、妨害されることのない稽古ですが、仮想の相手を強く意識して攻撃的な意志を伴って、大きな掛け声で打撃部位を呼称しながら、全身運動として打ち込むことが大切です。特に上体の安定した移動運動を確実に身に付けることが第一の課題となります。

上体が前傾しすぎて腰がひけたり、過度に腰が入って上体が反り返ったりしないように、はじめは移動の幅を少なめに摺り足で行ない、徐々に足幅を大きくしていくのが良い方法と言えます。

そして摺り足で上体の安定した移動の感覚を身に付けたならば、右足を床から離して前方に振り出して足裏全体で力強く床を踏み込む、踏み込み足を用いてやってみましょう。この場合、竹刀を構えずに両手を腰にとったり、素手で両方の手を上下する動作と協応させながら、あくまでも足腰の運動を中心に充分繰り返し練習することを重視したいものです。

打つ竹刀操作は、素振りの延長上に

打つ運動は、振る運動を目標を定めて一拍子でスピーディーに実行することです。しかも打てばよい（竹刀を当てればよい）というものではなく、適確性が要求されるものです。したがって空間打撃の稽古においても全身のバランスと、打ち止める際の手の内の作用を課題として認識しておかねばなりません。そこで、竹刀の操作過程で起こりやすい悪癖とその改善について触れておきます。

〈振りかぶった時に左手の肘が伸びる〉

この悪癖の原因は、左手と右手を上挙する運動の方向の間違いにあると考えられます。すな

〈写真①〉

〈写真②〉

振りかぶった時に左手の肘が伸びるのは、右手を手前に引き込み、左手は押し出すように上げはじめていることに原因がある(写真①)。振り上げる際に竹刀を上げようと意識するのではなく、両肘に意識焦点を置いて頭上まで引き上げる感じで振りかぶる。その時、無理なく振り上げるために、上体は自然な立位姿勢が維持されていること(写真②)

わち右手は手前に引き込むようにして上げはじめ、左手は押し出すようにして上げはじめているようです。これでは相手の胸に向けられていた竹刀が、いきなり立ってしまうことになり、上げようとすればするほど左肘は突っ張ることになります。

これを改善するためには、振り上げる際に竹刀を上げようと意識するのではなく、両肘に意識焦点を置いて両肘を同時に同一方向に動かして頭上まで引き上げる感じで振りかぶってみましょう。

〈振りかぶりが小さい〉

この悪癖は、振りかぶる際の上体の無用な前傾が原因と考えられます。両手を頭上まで上げる運動（バンザイをするような運動）は、上体を前に倒せば倒すほど、無理な運動を強要することになるでしょう。

無理なく両手を頭上方向に振り上げるためには、上体は自然な立位姿勢が維持されていることが大切です。上体の無用な前傾を改善するためには、構えた時、あるいは送り足で一歩前進した時に、体重をやや左足のほうにかけて、左足一本で体を支える習慣を身に付けることがポイントです。

意識して上体をまっすぐに立てて竹刀を振りかぶり、前方に振り出すように振り下ろす運動を繰り返すうちに、人間の持つ自然な反射運動である頸反射《けいはんしゃ》が起こるようになります。これは振り上げ過程で頭部がわずかに前傾し、振り下ろす過程で頭部がわずかに後傾する運動で、振り上げ・振り下ろしの運動の効率を高めるように作用してきます。

手の内の作用を導き出すには無用な筋の緊張を避けること

次に振り下ろしの最終局面、すなわち打撃（この段階では空間で止める）における両手の各関節の使い方については、次のようなところに注意してください。

まず、肩の関節を円滑に働かせるためには、僧帽筋《そうぼうきん》を中心とした肩の筋肉群を緊張させないことです。そのためには正しい上体の姿勢保持と腹筋群の緊張を意識的に増すとよいでしょう。腹から精一杯の掛け声を発しながら打ち込ませることは、腹筋群の緊張を助けます。中学校期の子ども達には羞恥心《しゅうちしん》が先行して声の出ないことがよく見受けられますので、励ましながら指導すべき課題と言えます。

振りかぶり最終局面でほどよく曲がった両腕の肘は、振り下ろしながら前方に伸ばすように働かせますが、一直線に伸びきってしまうのは好ましくありません。特に右手の肘が伸びきってしまわないように、ほどよいゆるみを維持させておいたほうが質の良い打ちに導きやすいことを理解しておきましょう。

そして、最も大切なところは両手首の使い方です。手のひら（たなごころ）は真横（内側）に向けたままで、親指のつけ根の部分で自然に竹刀を下方に押します。その際、両手の小指・薬指の握りを締めて（茶巾しぼりの要領で）、手首をよく伸ばすようにして打ち止めます。両手を内側に絞り込みすぎると、いわゆる雑巾しぼりになってしまい、肘の突っ張りや肩の緊張を引き起こしますので、よく注意してください。

振り下ろして（仮想の）面を打ち止めた後は、右手を肩の高さに、左拳は胸の中心の高さに保持しておかねばなりません。左手の小指と薬指をのぞいた他の指は、〝締め〟をゆるめて、次の振り上げ―打撃に備えることが大切です。打撃後、相手の体が目の前にある時には、直ちに左拳を臍《へそ》の前まで下げて体当たりの態勢をとるべきです。

同じく小手を打った後は、剣先が相手の体前面にひっかからないほどに竹刀を立てて、体を寄せますが、手の内の使い方は面の場合と同様です。

胴を打った時には、右拳は左拳よりもやや上に位置することになります。振り下ろしの際に、手の内をきちんと返して（右手のひらが下を向く）弦《つる》の反対側で正しく胴を打つことが大切です。手の返しが不充分な場合は〝平《ひら》打ち〟となり、打った後の竹刀を振り上げたりする原因になります。

最近の中学・高等学校生徒の試合場面で、打突後の竹刀捌きの乱れを目にすることがよくあります。打撃の後にとんでもない不合理な竹刀操作をしておいて、取り繕《つくろ》うように中段の構えをとるなどはもっての外です。

面を打った後の竹刀を上方に跳ね上げて頭上にかざしたり、小手を打った後の竹刀を左肩にかつぎこむようなしぐさをしたり、胴を打った後、片手で竹刀を振りかざしたり、ひどい場合は体を一回転してしまうなどの動作は、打撃動作の修正と併行して、厳しく修正しなければなりません。

あたかも「一本取ったぞ！」と見栄を切るようなしぐさは、『剣道試合・審判細則』第24条2項「打突後、必要以上の余勢や有効などを誇示した場合」に抵触すると判定されて、有効打突を取り消されても仕方のないことです。

この段階の空間打撃による稽古は、いわば打撃動作の〝型〟をしっかり身に付けることがねらいです。したがって振り上げはじめから打撃後の身構えまで決して気を抜かず、正しい打撃動作の基本を身体に覚え込ませる覚悟で真剣に取り組まねばなりません。

指導者として各道場で、あるいは試合の審判員として、〝剣道の打撃は、ただ当たればよいというものではない！〟ということを、誠意と勇気をもって厳格に示し与えることが青少年の剣道の質の向上に結びつくものと考えます。

指導者の背を見て育つとも言われ、指導者の良いところは似ないが悪いところはすぐ見習うとも言われます。打突後の竹刀や体のまとめには細心の注意を払っておかなければなりません。

【切り返し】

息の苦しいところで気力を振りしぼって、もう一本、もう一本と打ち続けるところに、切り返し稽古の価値がある。先達から受け継がれた、基本習得の有効な稽古法であることを強く認識すること。

切り返しは、剣道技能の基本となる多くの要素を総合的に習得する稽古法です。はじめの段階では基本である個々の要素（運動課題）を充分認識して、目的的に取り組むことが大切です。やがて個々の運動課題が解決され、動きの課題を意識せず総合的に激しく切り返し稽古することによって、旺盛な気力の養成につながることになります。

近頃、次のような切り返しの乱れが多く見られ、切り返しの効果が上がっていないようです。

◉手の返しが不充分(特に相手の右面を打つ場合)。
◉呼吸法の乱れ。
◉足捌きと竹刀操作との協応動作の乱れ。
◉間合の認識が浅い。

現在は日本国中どこでも切り返しは、正面―連続左右面（九本）―正面を二回繰り返す方法が統一的に実践されています。しかしながら、かつては専門の指導者養成機関でなくとも、

〈写真①〉

〈写真②〉

受ける側は、正しく面の側方まで竹刀を引き込んで受けるとともに（写真①）、時に竹刀を外して実際に側面を打たせる（写真②）。そのことで打つ側は気が抜けず、間合を正しくとって打つようになるさまざまな方法が目的的に実践されていたようです。ただ漠然と形式的に切り返し稽古するのではなく、青少年の剣道の基礎固めを目的に切り返し稽古（指導）のあり方を改善するいくつかの工夫について述べておきます。

①まず、さまざまな乱れの根本的な原因は、〝一連の打撃動作のテンポが早すぎる〟ことです。リズムに乗って、パンパンパンパーンと打ち続けるのではなく、全身の神経を集中させて一本一本を正確に、大きな動作（操作）で打たせることが大切です。

②次に手の返しの不充分さを修正するために、開き足を用いて切り返すことを奨めます。すなわち、相手の左面を打つ時は右足を前に、右面を打つ時は左足前にして前進後退させます。つまり体の返しを伴って左右面を打つことによって、体の向きに添った斜めの竹刀操作を身に付けていきます。然る後に、右足前の送り足による左右面連打の切り返しに発展させるのです。ただしこの場合、一般的な歩み足で行なうのではなく、後足の引きつけを確実に伴うことが大切です。「歩み引きつけ足」とでも申しましょうか、この足捌きを身に付けると、一本一本に腰が入りやすく、パンパンパーンと軽快に調子をとってやることがなくなります。

③次に呼吸法の乱れを修正しなければなりません。呼吸法は気力の充実に結びつく重要な課題であり、青少年の場合は〝有声の気魄〟と言って、気力の充実は大きな掛け声を目安にします。

切り返しの途中で安易に息継ぎをせず、長呼気丹田呼吸法（息を吐き出す際、できるだけ長く、しかも腹をふくらますように吐き出し、短く吸い込む時にも腹の張りを失わないようにする方法。このことにより肩の力が抜け、気持ちの落ち着きにつなぐことができる）に近づけるための工夫が必要です。そのためには九本の左右面連続打ちの前の段階として、実施者の体力や技能レベルに応じて連続左右面の打ち数を少なくして、〝一息で完了すること〟を課題認識させることです。少しずつ息が長続きするようになる喜びを自覚させるとよいでしょう。

その場合、正面を打つ直前に大きく竹刀を振りかぶる時に自然に吸気する方法と、遠間で大きく吸気し、ヤーッという準備の掛け声を発して、吸気せず続けて正面に打って出る方法とが考えられます。

いずれの場合も左右面を連続打ちする間は決して息継ぎをせず、最後の左面を打ち終えて苦しいところを我慢して〝もう一本〟の正面を打ち切るよう指導することが大切です。さらに二回目以後は、体当たりして（当たらず相手が後退する場合を含む）相手が後退している（自分が優位に立っている）局面で素早く吸気して左右面の連続打ちにつなぐように指導します。

息の苦しいところで気力を振りしぼって、もう一本、もう一本と打ち続けるところに切り返し稽古の価値があることを大切にしたいものです。

④足捌きと竹刀操作の協応の乱れも、早く打とうとするところに原因があるようです。ひどい場合にはピョンピョンと跳びはねて、体の上下動の激しい切り返しが見られます。

これらを改善するには、リズムを急がせないことと同時に、受ける側がほどよい間合を維持しながら前進後退することが大切です。受ける側の運動量が少なく、ただ漠然と受けている場合は、厳しく指摘して、合気になって相手を引き出すように受け手の役目を自覚させたいものです。

⑤相手の面部を自分の竹刀の物打ち部で正しく打つという、重要な間合の課題を認識せず、相手の竹刀を打っている悪癖の修正は重要です。受ける側の竹刀の位置に問題が多いようです。正しく面の側方まで引き込んで受けさせるとともに、時どき竹刀を外して実際に側面を打たせるとよいでしょう。時には外されて側面を打ち、時には竹刀で受けられるので、打つ側は気を抜かず、間合を正しくとって打つようになります。

⑥次に正面を打った後の体および竹刀の捌きの問題があります。すなわち正面を打った後の〝体当たり〟については、体力・体格の発達が未熟な段階では〝体当たり〟を避けて、正面を打った体勢のまま二、三歩送り足で進ませ、続いて左右面の連続打ちにつなぐ方法が用いられます。体格が向上し、体力の充実が見えはじめる中学生段階では、是非正しい〝体当たり〟を習得させたいものです。

正面を打った後は充分手を伸ばして、鍔が相手の面金に当たる直前に、直ちに両手を下げて(左拳が臍の位置あたりまで)、腹と腹で(腰を入れて)当たり合うように習慣形成することが大切です。

この際、打ち込む側の体格・体力・技量に適合した受ける側の当たりの強さには配慮が必要です。強く当たる努力を促しつつも、当たりから次の打ちへの動作が途切れないように、適切に時間・空間の間をとってやることが大切です。

最近の青少年が面を打った後、竹刀をはね上げ両手を上げたまま目の前の相手に体をもたれかかっているのをよく見かけます。また拳を相手の面金に強く当てて、自分の勢いを止めるような動作を多く見受けますが、受ける側の頸椎《けいつい》を損傷するほど大変危険な動作であり、是非とも是正しなければなりません。

幼少年時代の〝面を打った後はそのまま充分伸ばしなさい〟という指導を、〝相手が目の前に来たら互いに腹の前に両手を下げて、腰を入れて体当たりしなさい〟という指導に早

✕ 受ける側は、相手の目線に合わせること。高い位置で打たせると、正しい切り返しが身に付かない

目に切り替えることが緊急かつ重要な課題と言えます。

⑦切り返し稽古の方法は基本はあっても、応用はありません。何歳になっても、何段になっても、切り返しによって基本技能に磨きをかけて、その礎の上に多彩な応用の対人的技能が育っていくように留意しなければなりません。

準備運動や終末運動と勘違いして、身体を動かすことのみに終始することなく、またはスピードや強さを要求して肩や腕に力の入りすぎるような実践は是非とも避けなければなりません。先達から受け継がれた、基本習得の有効な稽古法であることを強く認識して、正しく、かつ気魄のこもった切り返しを励行することが大切です。

そのような意味で、切り返しの完成度を評価する視点を明らかに示し、中学生から高校生の段階で完成度を競い合わせるなどは、しっかりした基本の習得に大いに貢献するものと考えられます。

【部活動】

中学校期の部活動は、運動文化の専門性追求ではなく、自主性、主体性の確立を図る重要な学習—教育の場。部員一人ひとりが個人の特性に応じて、真剣に取り組める雰囲気作りから取り組みたい。

小学校を卒業して中学校に入学した子ども達の大きな関心は、部活動への入部です。教育課程には組み込まれていませんが、その教育的効果は高く評価され、文化系・体育系の部活動は、生徒の全人的成長に大きく貢献するものです。

剣道部の活動で大きな問題点は、技能の習得には一定期間の基礎練習が欠かせないことです。小学校時代に町道場などでそれを体験してきた生徒と初心者との技能的な差が大きく、指導者の悩みも多いところです。

しかしながら、考え方を変えてみると、技能的異質集団に共生して剣道修錬に取り組むことは、絶好の勉強の機会と捉えることもできます。

以下、いくつかの観点を挙げておきます。

①中学校三年間を、基礎を学び・応用力を身に付け・完成に至るという、三段階の見通しを持たせること。

②経験者は初心者の練習を助けながら、実は自己の基本のあり方を見直すべきこと。

③総合的な稽古（地稽古）を行なう際には、習い覚えることを主眼として掛かっていく立場と、冷静によく見て技で打ち切る稽古をする立場とがあること。したがって学年や経験を越えて、剣道修錬の同根の人であり同志であることの自覚を学ばせること。

④部活動の目的をいたずらに勝利志向に傾斜しないこと。試合は稽古の一ステップとして位置づけること。

⑤剣道修錬は、教え与えられて育つのではなく、見取り稽古や数をかける稽古を通して自ら体得することを尊重すること。

以上の考え方を生徒と指導者が共有して、時間や場所や稽古法を工夫することが大切です。つまり、剣道部集団の一人ひとりが個人の特性に応じて、真剣に取り組む人であるような雰囲気作りから取り組まなければなりません。あたかもオーケストラのように、それぞれのパート(楽器)が自己のベストを尽くしながら全体の完成を目指すのです。したがって教師はコンダクター(指揮者)であり、偏《かたよ》りは許されませんし、指導者自身の真剣味が発揮されるべきでしょう。

経験者と初心者の接点は、対人的技能の学び合いにあります。〝絶妙のタイミングで打たせることは、適切に対応する(捌く)ことに通ずる〟、すなわち相手がよく見える剣士を育てる近道です。

また、そのことが部内の好ましい人間関係づくりの原点にもなっていきます。

やがて基本打ちや切り返し、打ち込み稽古などを身に付けると、「試合をしてみたい」と思うようになってきます。そのような段階の試合は勝敗を競うのではなく、打った技の出来ばえに目を向け、評点をつけて(五点法や十点法で)、〝もう少しこうすれば見事な一本になったな〟というような努力目標をさがす手だてにしたいものです。

またこの時期、勉強と部活動の両立に悩む中学生は少なくありません。保護者も教師も本人も、勉強と剣道という二つのことと考えがちですが、根本的に考えを改めましょう。剣道練習（部活動）は勉強であり、教科の勉強となんら変わりがないのです。自分自身の人間的成長のために欠くことのできない勉強をしているのであって、どちらかに偏ってはいけないという自覚を育てることです。

そのためには、剣道の稽古が指示・命令のみによって身体的な鍛錬を要求されるのではなく、考える力・覚える努力・欠かさぬ熱意などを教え諭《さと》すことが大切です。しかも個人の特性に応じた個人課題を尊重しあいながら、それぞれの成長を認める姿勢が大切です。

剣道は、少ない時間で、集中的な実践によって効果が上がるという特性を大いに活かして、エネルギーの消耗を少なくしたいものです。

【第四章】——高校生篇

あら磯のもくずか浪に打たれても
猶《なお》打ちかへすまけじだましひ

青年前期（思春期）に見られた身体の形態や機能の急速な発育発達速度がゆるやかになるのが、高校生時代です。諸々の機能の年間発達量はピークに達し、完成に向かって充実していく時期に入ります。殊に女子は男子よりも二年ほど早く発達が完了することを知っておきましょう。

各種の運動技能のうち、高度な精神作用や技巧の支配する部分を除けば、体力・運動能力的には成人の域に達するものが多いと考えておいてよいでしょう。したがってこの時期は、各個人の生涯にわたる運動能力レベルを決定づけることになるので、各人の資質を最大限に引き出すように指導上、配慮しなければなりません。

精神的な面においても、思春期に見られた激しい動揺はおさまり、じっくりと物事に取り組む態度が顕著になる時期と言えます。剣道修錬への取り組みも主体性が高まって、目的意識や自己分析、自己啓発が促されるようになってきます。すなわち、剣道修錬を通しての人間性の高揚が大いに期待できる時期であります。

　したがって修錬においては剣道の競技的内容のみを追求させるのではなく、精神的文化の内容にも意識を向けさせる環境を整えなければなりません。つまり、剣道の歴史を学んだり、対人的技術の理合を正しく理解し、厳しい鍛錬を通して、逞しく豊かな心情を養って、望ましい社会的態度の形成を図るという深遠な剣道の魅力に触れさせることが大切です。

　たとえば、対人的技能に含まれる〝機先を制する〟や〝虚と実を識《し》る〟〝懸待一致する〟などは処世や対人関係において優位に立つことの学びに通じます。また〝事理一致〟や〝文武不岐〟〝平常心〟〝礼儀礼節〟の教えは、いつの世にも、そして国際的にも通じる人としての生き方に、多くの示唆《しさ》を与える内容があることを理解させましょう。

　要するに「剣道の理念」や「剣道修錬の心構え」を座右に据えて、技を練り上げることが大切です。

【打ち込み稽古】

激しく苦しい打ち込み稽古だが、空間打突では味わえない、充実感や達成感があり、稽古後は、ある種の爽快感が滲み出るもの。打ち込み稽古によって培われた、しっかりとした基本を礎にして各種の技の習得へと発展させたい。

切り返しと同様に基本的な打突動作を連続して繰り返す〝打ち込み稽古〟は、正しい体捌きと竹刀操作を身体に覚え込ませる基本稽古の総仕上げです。

正面と左右の面に限定して打ち込む〝切り返し〟から発展して、すべての打突部位（面、胴、小手、突き）の基本の打ちを繰り返すのです。さらに発展して、一本打ちのみではなく、二段、三段（小手―面、小手―胴、面―胴、突き―面、小手―面―胴など）と続けて打ったり、体当たりしてさらに前に出たり、後退しながら打ったりする際にも、体勢の崩れのない確かな打ちを体得させなければなりません。

しかも〝切り返し〟と同様に足腰の運動を中心にし、途中で安易に息継ぎすることなく、下腹の張りを維持して、一息で何本も打ち掛かることが大切です。

また〝切り返し〟が常に相手と正対して連続して打ったように、〝打ち込み稽古〟においても、打っては走り抜け、振り返って打ってはまた走り去るような方法では気が抜けてしまいます。打った後の気勢や体勢をゆるめることなく、さらに激しく体当たりや次の打ちにつなぐことこそ、重要な練習課題であることを忘れてはなりません。

一本打っては走り抜ける方法と、打っては体当たりして直ちに引いて打つ方法とを比べてみると、前者のほうがはるかに楽であり、〝打ち込み稽古〟によって激しい攻撃の気力を養うには程遠いことがわかるでしょう。

打ち掛かり→体当たりし→引きながらも打つ。これを繰り返すうちに気力・体力が萎えてきて、相手にもたれかかるような状態が見えてきたときに、元立ちはサッと体を開いてやって、前のめりになりそうなところを姿勢を立て直す努力をさせることを狙って、小幅の送り足で前進させるのです。

〈写真①〉

〈写真②〉

打ち込み稽古は、かなり激しく苦しい稽古法だが、稽古後の充実感や達成感は格別である。指導者や先輩が元立ちを務め、遠間で攻め込みの兆しをとらえて、タイミングよく打たせる部位を示し、確かな打ちを引き出すことが大切(写真①)。嫌みな迎え突きや無法な体押し、足掛けなどは厳に慎むべきである(写真②)。終始互いに練り合う〝自他同根〟の自覚、〝師弟同行〟の潔い態度が尊重されなければならない

指導者や先輩（上級生）が元立ちを務め、遠間で攻め込みの兆《きざ》しをとらえて、タイミングよく打たせる部位を示し（隙をつくる）、確かな打ちを引き出すことが大切です。

以下、〝打ち込み稽古〟の要領をまとめておきます。

〈打ち掛かる側の要領〉

◉足の捌き（送り足―踏み込み足）は基本に忠実に行ない、歩み足で走ったり、左足を跳ね上げないように素早く正しく送り込む。

◉上体が前のめりにならないよう注意し、腰の入った姿勢を保持する。

◉両腕を充分振り上げて大きく竹刀を振りかぶり、伸び伸びとした竹刀操作を心掛け、正確に物打ち部よりやや先で打つ。

◉打ち切って充分伸ばした後に、左拳を臍の前あたりに下げて、腹をつき出すようにして上方に押し上げるように体当たりする。

◉できるだけ遠い間合から打ち込むために、相手との距離を目測して、攻め込む際の歩幅を調節する。

◉一息で数本続けて打つよう心掛ける。

◉打ちの強さは、肩や腕の筋力を発揮するのではなく、手首のスナップを効かして冴えのある打ちを求める。

〈打たせる側の要領〉

◉合気になって、掛かり手の攻め込みの兆しをとらえてタイミングよく、打たせる部位を空けてやる。

◉遠い間合から送り足を用いた攻め込みを引き出すように、充分動いて適切な間と間合を取ってやる。

◉相手の技量に応じて、すべて打たせたり、時には摺り上げて打ちを外すなどして、掛かり手の集中力を持続させる。

◉一本打ちの面が中心であるが、他の部位もまんべんなく打突させて、総合的にしっかりした基本の打突技能を高めさせる。

◉常に掛かり手の竹刀操作や足捌き・体捌きを見極めて、短い歯切れの良い言葉で注意を促し、妥協を許さず、研究的な真剣味を引き出す。

◉嫌みな迎え突きや無法な体押し・足掛けなどは厳に慎み、終始互いに練り合う態度を保持する。

〝打ち込み稽古〟は、かなり激しく苦しい稽古法ですが、空間打突や打ち込み台への打ち込みでは味わえない、充実感や達成感、またはある種の爽快感が滲み出るようなものでなければなりません。そのためには日頃から〝自他同根〟の自覚、〝師弟同行〟の潔《いさぎよ》い態度が尊重されていなければなりません。

そして、〝打ち込み稽古〟によって培われた、しっかりした基本（技能面や態度面の）を礎にして、各種の多様な仕かける技、応じる技の習得へと発展させたいものです。

【技の習得】

技を身に付けるということは、教えられた通りにできるようになることではない。数多くの実体験を通して自得して、自分らしいものとして発揮できることである。

面・小手・胴・突きの各部位に対する基本の打ち方が、面技・小手技・胴技・突き技として発揮できるようになるには、どのような技能が身に付かなければならないのでしょうか。すなわち基本から応用への発展過程における学習（練習）課題を知ることが大切です。

各種の技を身に付けるための原則

(1)対人的技能（技）として発揮されるためには、基本の打突に運動の効率性、すなわち最少のエネルギーで、必要にして充分な最大の効果を生む能力が加わらなければなりません。竹刀操作においては、上肢のしなやかな動き（少ない上げ下げの運動を手首のスナップで締めくくる運動）を円滑に竹刀に伝導する技能、足捌きにおいては、鋭い攻め込みを生むための送り足の左右の足の素早い踏み替えの技能、さらに全身の鋭い前進運動を生むための左足の支えによる右足の素早い振り出しと力強い踏み込み技能が重要課題となります。

⑵運動の効率性を支える要素として、全身の運動のスピード化が図られ、打突動作全体が反射的に完了するようにしなければなりません。剣道の打突運動は、刃筋や冴え、あるいは正確な打突部および打突部位の確保や適正な姿勢の保持といった独特の規範の制約を受けています。そのため、ただ単にスピード化のみを追求することは許されず、型にはまった動きの中でスピード追求のための反復練習が不可欠です。

⑶効率化とスピード化が図られたならば、剣道の対人的技能の中心課題である相手の動きの変化と自己の打突動作とのタイミングの合わせ方を学ばなければなりません。さらに進んで相手に変化を起こさせる技能(攻め崩しの方法)、または、構えの特徴や変化の兆しを読み取る能力の養成が図られなければなりません。

⑷いかなる相手に、いつ如何なる技を施すかの大前提は、相手と対等以上の気位で立ち向かい、諸々の仕かけ（気当たり）を試みて主導権を取り、自分有利の間合や状態をつくることです。

すなわち、『一眼《がん》二足《そく》三胆《たん》四力《りき》』の原則の理解や『三殺法』の技法を出発点として、各種の技稽古に取り組まなければ、単なる打ち方の練習に終わってしまい、技の習得には結びつきません。

(5)技（対人的技能）が成立するためには、攻めの機会を識り、相手の身構えや気構えに変化を起こさせるコツを身に付けなければなりません。

①相手の態勢の整う前に機先を制して攻め入る。
②相手が攻め込もうとする兆しに逆に攻め入る。
③相手の攻めを外して、戸惑うところに攻め入る。
④相手の攻めに対して万全の構えで抵抗し、機会を失って退こうとするところを攻め入る。
⑤直前の打ち合いに気持ちがこだわっているところに逆をついて攻め入る。などがそれです。

これらの機会の良い攻めは、相手に居付きや、引き退がり、または不充分な起こりを生じさせ、我が方にとって打突の好機につながります。

以上、技を身に付ける原則を段階的に示しましたが、自分自身の身のこなしから、相手との相対的技能へと発展していくことを知ることが大切です。また、身体的動作の課題から心理的作用の課題へと発展することも知っておくべき重要な点です。

このように技の構造を知ってみると、それを身に付けるのは非常に高度なことと思われますが、実は小学生は小学生なりに体得できますし、豊富な修錬の体験によって、より確かなものにまで高めることにもなる要素を含んでいるのです。

つまり剣道の技を身に付けるということは、教え与えられた通りにできるようになることではなく、指導者や先輩などからヒントを授かり、数多くの実体験を通して自得して、自分らしいものとして発揮できるようになることと捉えておくべきです。

そうなると指導者や先輩、上級生としてのヒントの授け方が大変重要な意味を持つことになります。集団を指導したり個別に指導する際に、技の理合やコツを言葉でどのように表現するか、あるいは対峙してどう動いてやるか（打突すべき技の種類とタイミングをどうわからせるか）が問題となります。

技の稽古は型の体得から、反復練習(約束稽古)を経て自己の技として磨きをかける

技を身に付ける稽古の第一段階は、多くの仕かけていく技、応じていく技の打ち方を、竹刀操作や足捌きの一つ一つを確かめながら、反復することに始まります。

第二段階は、打つ側と打たせる側の約束事を多様に組み合わせて約束稽古します。ここでは試合や地稽古の場面で起こる、さまざまな対人的攻防様相を想定して、時間的空間的あるいは心理的彼我《ひが》の関係の変化を互いにリアルに再現することが重要です。

間合・リズム・タイミングといった技を構成する要素を多量に体験して、筋・神経回路を作

り上げると同時に、勘を鋭くすることを課題にして真剣に取り組む態度は欠かせません。その積み重ねによって、複雑多岐に生起《せいき》する対人的攻防の局面に適応できる技能の幅を広げることに専念することです。

第三段階は、上手《うわて》の相手（指導者や先輩・上級生）に対して、もっぱら強気の態度を崩さず、攻めの仕かけを施して打ち掛かっていく掛かりの地稽古で、仕かけていく技に磨きをかけます。この稽古が、地力と攻撃性を高める最も重要な稽古と言われます。

したがって、第一、第二段階で身に付けた各種の仕かけていく技を、縦横無尽に試みて相手（元立ち）に休む暇を与えないことが大切です。常に〝先〟の気位で仕かけを施すのですから、相手の様子をうかがったり、待ちの態勢をとったりすることがあってはなりません。「相手をとらえる（合気になる）↓仕かけて攻め込む↓多彩な技で打ち掛かる↓引き上げず直ちに次の技を発する」これを間断なく繰り返すのです。自己の不利を気に留めたり、返しの技を恐れたりすることなく、果敢に打ち掛かることが大切です。

ただし、流れるような連続性のある動きではありません。合気をつくる一瞬の気競り合いが重要であり、五分五分の気競り合いから一瞬先に仕かけを施して、自分有利の態勢を作って仕かけていく技につなぐのです。〝打ち込み稽古〟が、寄せては返す連続性のある正確な打ちの繰り返しであるのに対して、〝掛かりの地稽古〟は、あたかも線香花火がパッパッと予断しにくいリズムで多彩な火花を発するようなイメージを描いて、掛かり手主導で打ち掛かっていくのです。

第四段階では、少し下手《したて》の相手との互格の地稽古によって、優位な気位から主導権を取って思い通りの攻め崩しによって、技の必然性や妥当性を高めます。先人の記した技術書に説かれている〝三殺法〟や〝三つの許さぬところ〟や〝六つの好機〟について、稽古の度ごとに反芻《はんすう》して、無理・無駄はなかったか？　刃筋は通っていたか？　残心は充分であったか？　等々をチェックする態度が重要です。相手を無視したり、打ちっぱなしして自己満足するような態度は厳に慎まねばなりません。

またこの段階は、応じていく技の勘所《かんどころ》をつかむ絶好の機会でもあります。第二段階の約束稽古では、応じる際の（摺り上げる・返す・抜く・打ち落とすなど）竹刀操作や体捌きを体得することが中心課題でした。

そこでこの段階は、それらの操作技術に加えて、応じていく技の必然性や妥当性、確実性を増し、錬度を高める工夫や研究をするのです。〝懸待一致〟の構えで充分に攻めを効かし（※技の原則(5)を参照）、相手の不充分な〝先〟の技を引き出したり、打ってくるところを予知するコツをつかむのです。

体力・運動能力的には成人の域に近づく高校生、大学生の試合内容が、慌ただしい直線的な跳び込み打ちに終始していて、物足りなさを感じるのは、この段階での応じていく技の練り上げが不足していることに起因しています。打たれまいとする気持ちばかりが先行して自ら構えを崩し、先に当てることにとらわれた稽古ばかりを重ねているのではないでしょうか。

「稽古は試合の如く、試合では稽古の如く使え！」と教えられています。これは稽古における気のゆるみや惰性を戒《いまし》め、試合における過度の緊張や勝ちへのこだわりを諫《いさ》めた教えです。決して、打たれないようにして打つことを奨《すす》めた教えではありません。多くの時間を費やす地稽古の機会に真剣味をもって技の練り上げを追求し、互いに納得するような見事な一本を求める態度が大切です。

第五段階は、同等あるいは少し上手《うわて》の相手との互格の地稽古における、気競り合いや駆け引きを通して技に磨きをかけるのです。この段階ではもっぱら心と心、気と気のやりとりが中心課題になります。したがって、ただ当てに行くとか、かろうじて打った技は自己否定する態度でなければ上達に結びつきません。

この段階は高段者が行なうものという観念を捨てて、少年は少年なりに、青年は青年なりに、剣道の技を決めるのは心の置き方、気の持ちように帰することを理解させたいものです。多くの場合、相手に敗れるのは、自分の心のまとまりや攻めの気位に不足不備があったときに拠ります。

数をかけた打ち込みや切り返しによるしっかりした身構えに、工夫研究した技稽古によって得た多種多様な技巧を具備し、掛かり稽古、互格稽古によって培った不動かつ自在の心構えを内存《ないぞん》させて、晴れ晴れと相手の前に立てるような剣士を目指したいものです。

【試合】

平素の稽古では体験できない強い心理的抑圧を受ける試合は絶好の学びの機会である。しかし一つ間違えれば姑息な剣道への堕落の道が待っており、「勝って叱られ、敗れて褒められる」体験こそ、さらなる上達への道と心得たい。

近年、青少年の過剰な対外試合体験が、彼らの剣道の質を悪化させているという指摘をよく耳にします。一方、〝一回のゲーム体験は十回のトレーニングに匹敵する〟というのは、スポーツ方法の原則であると言われます。

確かに剣道においても、日頃の稽古によって培った豊富な技能を越えた思わぬ技を試合で会得することはよくあります。また平素の稽古場では体験できない強い心理的抑圧と、それに打ち勝つ心理的葛藤の体験は貴重なものです。

しかしながら、あまりにも頻繁に優勝を目指す大会等への出場を強いるのは考えものです。試合体験を顧みて、稽古を積み重ねる時間が必要です。青少年期の試合することの意味は、自己の修錬の度合いを知り、足らざるを悟ることにこそあるのです。したがって勝敗の結果よりも、自分の持てる技量を数分間に凝縮して発揮できたか否かを測ることこそ大切にしなければなりません。そして体験を活かして不足を補うべく稽古するのです。

勝利は自信に結びつきますが、規則で許される範囲なら何をやっても勝てばよいというのではなく、理にかなった剣道、強く・正しく・潔い剣道という規範に照らしてみると、必ず反省すべきところがあるはずです。

勝者は得てしてそこに気が付かず有頂天になりがちですから、温情をもって厳しく、そこを悟らせなければなりません。姿勢は崩れ、刃筋も乱れて当てることにこだわって、偶然に打ったものを一本と判定してはなりませんし、ましてや賞賛すべきではありません。

また敗れた時には、本人が一番よくその原因がわかっているものですから、指導者も一緒になって反省し、明日からの稽古の課題を共有したいものです。さらに、打ちひしがれた敗者へはその健闘を称え長所をさがして、この点は良かったぞ！　と励ますことが大切です。「君の着装や中段の構えは、会場で一番美しかったぞ」の一声で、やる気を起こして修錬を続けるきっかけを得ることもあるのです。

勝って叱られ、敗れて褒められる体験こそさらなる上達への道となるのです。

以上、大会に臨むにあたっての留意点を触れてきましたが、青少年期の剣道試合（大会）のあり方に関して考えなければならない根本的な問題を、次の五つに集約して考えてみましょう。
①あまりにも頻繁に試合(大会)に出場させてはいないか
②折角の機会に臨んでも、その約半数は一回のみの試合で会場を去ることになる
③勝敗の決定は厳正かつ妥当であるか
④試合者に対する指導者・応援者の態度は適切か
⑤会場の雰囲気や運営内容は、剣道発表の場として相応《ふさわ》しいか

①試合(大会)出場頻度について

青少年期の剣道は努めて教育の一環として営まれるべきであり、しかも学業との両立やゆとりのある生活の中に組み込まれるべきでなければなりません。昨今の小・中学生の多くは学習塾に通っており、習い事を含むと、一週間ほぼ毎日が下校後も組織された場に身を置き、制約された時間を過ごしています。それに加えて、日曜ごとに各地で催される剣道大会に遠征したのでは、身も心も休める暇は奪われてしまいます。その結果、いわゆる〝燃え尽き症候〟に陥り、進学先では〝もう剣道は沢山だ!! 稽古は嫌だ!!〟と言い出してしまいます。

保護者や指導者のエゴで子ども達に試合をさせてはいないだろうか、今一度反省し、年間の試合（大会）出場回数を極力抑える努力をするべきでしょう。

②トーナメント方式の是非を再考すべき

先の第十一回世界剣道選手権大会でも、予選リーグ—決勝トーナメント方式を採用し、出場者は少なくとも数回は試合を体験できるように工夫されています。

青少年期の試合では、道場やクラブの名誉にかけて代表選手のみによって戦われるケースは極力少なくしたいものです。日頃共に稽古した者がみんな出場の機会を与えられるような大会であれば、同行の絆も固くなり、青少年の相互交流による友情の芽生えを促し、社会性の養成にも大きく貢献すると考えられます。

そのためには、会場の規模との関係などから、一日で完結できる出場者の枠も制限されなければなりません。大会参加者の数量的な拡大が振興ではなく、内容の濃い企画が望まれます。

③勝敗決定の方法に再考の余地はないか

剣道試合における審判員の判定には、絶対の権限が与えられていますが、未熟な青少年の有効打突の判定には、きわめて困難を伴うものです。姿勢・態度・刃筋・気力のすべてについて完璧なものは、ごく稀《まれ》にしか出現していないと言っても過言ではありません。つまり判定にあたっては、かなり妥協した基準を用いざるを得ません。また審判員の見落としも皆無とは言い切れません。「拳を打たれたのに〝小手あり〟を取られた……」や「面は竹刀で受け止めて胴を打ったのに〝面あり〟を取られた……」といって泣きじゃくる子どもの姿を見るほど辛いものはありません。だとするならば、三本勝負方式のみではなく、規定時間内の両者の立合内容を複数の審判員が総合的に判断して（有効および有効に近い打突を採点して加算するなどして）、勝敗を決定する方法なども考えてみるべきではないでしょうか。

審判員の責任や使命の自覚および判定技術の向上については、重大な責任感を持って取り組むべきことはもちろんのことです。

④応援者・監督の態度は如何にあるべきか

自軍の選手の試合に身びいきしたり勝敗に一喜一憂するのは、誰しもあり得ます。しかしながら、あたかもギャンブルを楽しむような意識や態度は、もっての外です。

試合者と共に闘う意識で応援に臨み、選手の戦いを気高く敬う態度が根底にあってほしいものです。特に指導者は、自らの指導に評価を受けているという態度で臨み、勝利は選手の健闘の賜物であり、敗北は自らの指導責任と受けとめるべきです。決して教え子を責めたり、ましてや審判員の判定に対する疑義などを口にすべきではありません。

〝勝ちに不思議の勝ちあり、負けに不思議の負けなし〟であり、必ずや明日の修錬課題に気付くものです。結果を踏まえ反省を共有する潔い態度こそ、教え子との信頼関係の原点となるものです。

また、一度会場に入ったならばすべてを子ども達自身に任せ、その自己管理・自己判断・自己決定を見守ることが大切です。試合直前になって、あれこれとアドバイスしたり批正したりする監督の姿は、〝この期に及んで何事か！〟と見苦しくさえ映るものです。

⑤会場や運営は剣道精神に充ちているか

会場の設営は華美ではなく、落ち着いた雰囲気を創り出すような配慮がほしいものです。シンボルとしての大会旗や国技発表の場としての国旗の掲揚はもちろんですが、国歌斉唱や式辞挨拶の内容なども朗々として、かつ青少年の心に感銘を与えるものでなければなりません。

さらに、応援席と試合場との区分けを明確にして、試合場は審判員と試合者の真剣味あふれる場として尊厳を保ち、係員もまたそれを助けるべくきびきびとした仕事ぶりに徹したいものです。雑然とした設営や騒然とした雰囲気では、真剣な攻防内容は期待できず、ひいては剣道の文化性を汚《けが》すことにもなりかねません。

また、主催者と参加者とが大会の趣旨を深く理解し合って、互いに協力的に接し合うことも忘れてはならないことです。そこには相互敬愛の態度が大事であり、剣道を通じて学び合う者同士として、剣道の理念を基調とした行動の規範を具現して、開会から閉会に至るまで、終始感謝の念で貫かれるべきです。

〝開催して良かった！　参加して良かった！〟という思い出を残すか否かは、会場のすべての人びとの剣道理解の程度によって決まることになるのです。

第 4 章　高校生篇

【第五章】女性篇

礼儀をば捨てて学ぶな剣の道
　大和心の精華なりせば

我が国の剣道の歴史において、女子の剣道愛好者の増加やそれに伴う各種大会の開催は、近年注目すべき早さで振興し、現在に至っています。戦後剣道の復興からすでに半世紀を経ましたが、現在行なわれている女子の参加する全国規模の剣道大会は、以下に示すように男子よりも相当の年数後から出発しています。

◉全国高等学校剣道大会
・男子―昭和二十九年発足
・女子―昭和三十八年より個人戦、同四十四年より団体戦開設
◉玉竜旗高校剣道大会
・男子―昭和三十年再開
・女子―昭和四十七年より団体戦発足
◉全日本学生選手権大会(個人戦)

・男子―昭和三十年発足
・女子―昭和四十二年発足
◉全日本学生優勝大会（団体戦）
・男子―昭和二十八年発足
・女子―昭和五十七年発足
◉全国警察選手権大会（個人戦）
・男子―昭和二十八年発足
・女子―昭和五十九年より特別試合として創設
◉全日本剣道選手権大会
・男子―昭和二十八年発足
・女子―昭和三十七年発足
◉国民体育大会剣道競技
・男子―昭和二十九年発足
・女子―平成元年少年女子の部、同九年成年女子の部発足
◉全国教職員剣道大会
・男子―昭和三十五年発足

・女子―昭和五十六年個人戦発足
◉全国家庭婦人剣道大会
・昭和五十九年より開催
◉全日本実業団大会
・男子―昭和三十三年発足
・女子―平成十年発足

そして、最も新しい女子の進出は、平成十年から伝統の全日本都道府県対抗剣道優勝大会に、女子二名のポジションが設けられたことです。また、各都道府県で実施されている女子の中学生・高校生・大学生・社会人や家庭婦人などの全国大会出場を目指す予選大会も盛況の一途をたどっていると言われます。女子の剣道愛好者が僅かに見られた昭和三十年代前半には考えも及ばぬ現状です。

現在、女子剣道界の指導的立場にあって、各地で活躍しておられる女性剣士の多くは、その幼少の頃には、〝剣道をする女の子〟というごく稀な存在でした。そして時には〝女の子のくせに〟とか〝女だてらに〟などという中傷を受けたり、唯一人の女子部員として部活動に取り組み、専用更衣室もなくトイレで着替えたり、体力的に男子に劣るが故に痛い思いをしたりと、筆舌に尽くしがたい苦労をされた方が多いことでしょう。あるいはそれが嫌で、途中で剣道から遠ざかった方々も少なくないはずです。

現在活躍中の方々の中には、初心者として入門してから現在まで、恵まれた環境や条件と本人の努力とによって、中断することなく修錬を継続した人と、結婚・出産・育児などのために中断を余儀なくされた人とがあります。また一時的中断の後、何らかの契機で再び剣道修錬に取り組んでいる人や、子どもの道場通いを助けているうちに指導者や仲間に恵まれて（伴侶の理解も含み）剣道の魅力にとりつかれた人も少なくありません。

また一方では、近年全日本剣道連盟の女子剣道の普及振興に対する認識は急速に改善されて、昭和六十三年からは女子を対象とした地区講習会も開催されるに至っています。さらに平成十年からは女子の審判能力の向上を図る必要性が注目されて、東日本・西日本に分かれて、内容の豊富な密度の濃い審判法講習会が開催されています。これらは女子の指導者養成の大きな流れであり、今後の充実が大いに期待される時代になっています。

いずれにしても、約三十数年の間に女子の剣道は加速度的に普及振興を成し遂げ、今日では、日本の剣道を考える時、女子剣道の発展充実抜きには考えられない状況に来ています。

平成十一年度からは、従来普及委員会の中に位置づけられていた女子小委員会が、専門委員会の一つとして独立して設置されるに至っています。

そこで今回は、組織や制度に関する問題は別として、女子の剣道技能修錬や指導の方法について触れることにいたします。

女子剣道の急速な普及を支えたのは、昭和四十年代にみられた少年（少女）剣道の爆発的隆盛であったと考えられます。〝女の子のくせに〟とか〝女だてらに〟という中傷をまったく気にすることもなく、男児とともに豆剣士として颯爽と道場に通う女子が全国各地に溢れたものです。○△少年剣道クラブの名称や○○少年剣道大会といったネーミングに〝少女〟は加えなくてよいのだろうか、とさえ思えるほどの盛況ぶりが各地に出現したものでした。

その社会的背景を考察することも興味ある課題ですが、ここでは、女子の児童期から青年期・壮年期に至る発達特徴と剣道修錬・指導のあり方に触れておきましょう。

【女子の児童期】

幼年期における男女の差異はさほど見受けられないが、少年期では素直さ、調整力の発達において男子よりも好条件が備わっている。この条件を活用し、旺盛な研究心や執拗な探究心をくすぐり、進んで剣道に向かう意欲を持続させるよう、指導者は工夫研究したい。

近年、各種スポーツの開始年齢が低年齢化する傾向があります。英才教育志向の現れでしょうが、子どもの心身の発達特徴を配慮して、幅広い運動遊びから導入して、徐々に技能的課題を加えることが大切です。

幼児期から小学校低学年期にかけては、身体的にも精神的にも男女の差は明らかではありません。ただし小学校の中・高学年（十歳〜十二歳）になると、女児の体格が男児を上まわる時期があることはよく知られています。また女子の発育・発達が男子よりも約二年ほど早く完了することも女子の特徴として挙げられます。これはその時期には運動技能の学習効果についても、女子のほうが優れていることに関連してくるものと思慮されます。

一方、精神的側面についても、いわゆる〝おませな女の子〟と言われるように、物事をよくわきまえて行動したり、素直に大人の言うことを聞き入れるのも、この頃の女子の特徴と言えます。したがって剣道入門の最適期は女子は男子より少し早く、しかも女子の発達特徴は剣道入門期に求められる、素直さや調整力の発達において男子よりも好条件が備わっていると考えることができます。

剣道の運動技能的特性は、パワー系の優れた体力や優位な体格の支配する側面よりも、巧緻《こうち》性や柔軟性、敏捷性の支配する側面の占める部分が多いところにあると言われます。したがって小学校中・高学年の入門期に、巧

旺盛な研究心や探究心をくすぐり、「男子に負けないぞ」という気持ちを引き出す

みな操作やバランス感覚に支えられた基本的動作を身に付けることは、将来にわたって体力や体格に依存しない合理的な剣道の基礎・基本を身に付けることになります。そしてこれは青年期における無理・無駄のない対人的な攻防技能の習熟が大いに期待できることにつながります。

以上のように、この時期の女子の発達特徴と剣道入門期の技能的課題とは、深い関連性が認められることから、指導にあたっては次の点に留意しなければなりません。すなわち、いたずらに鍛錬的な稽古を強いて身体的負担を強めてはなりません。

むしろこの頃の女子の中には、男子に負けるものかという対抗意識を持つ者が少なくないことに着目すべきです。そして旺盛な研究心や執拗な探究心をくすぐって、内発的動機を高め意欲を持続させる方策をとりたいものです。

この頃に間合や拍子のとり方で相手を制するという剣道の特性に触れた喜びは、男子にも勝る技量の獲得へと発展します。そして間合と拍子を心得た無理・無駄のない剣道で、中学・高校あたりで随分と優秀な選手に育っていくものと思慮されます。

かの柔道の〝ヤワラちゃん〟こと田村亮子選手が、幼少の頃の「男の子を投げるのがおもしろかった……」から「男子に負けたくない!」に至り、ついには世界の〝ヤワラちゃん〟へと成長した好例は格闘技系の女子選手育成のプロセスを示唆しているように考えられます。

【女子の青年期】

中学校時代は成人以降の個性を決定づける大切な時期であり、総合的にバランスのとれた発育・発達をうながすことに留意したい。また、身体的成熟を迎える高校期においては、力に依存するのではなく、間合や拍子を心得た対人的技能の理合に即した剣道の完成を目指したい。

中学校期（十三歳〜十五歳）になると、女子は一般的に成熟過程に入ってきます。身体の形態や機能あるいは情緒や性格が固まっていき、成人期以後の個性を決定づける大切な時期にさしかかります。したがって身体的には運動体験の偏りはできるだけ避けて、総合的にバランスのとれた発育・発達を促すよう留意しなければなりません。

また精神作用の発達については、男子よりも僅かに早く心理的動揺がおさまりはじめます。そこで自己規制能力の定着や豊かな感性の涵養を図ることも大切な課題となってきます。

剣道修錬のあり方については、いわゆる〝剣道漬け〟と言われるような修錬一辺倒の部活動ではなく、他のスポーツにも親しむ、ゆとりを持たせたいものです。特に豊かな感性や包容力あるいは温和な人柄づくりに資する文化的・教養的活動に親しませる配慮も必要となります。将来の母性としての基礎づくりを〝文武不岐〟の修行態度で実践させたいものです。

激しい闘志をぶつけ合う剣道だからこそ、面を外したら柔和さや礼節を体得した女子剣士としての誇りと輝きを形成する絶好の時期と捉えておきましょう。

この時期に剣道衣・袴姿の美しさや未体験のものへの憧れをきっかけとして、中学校の部活動として剣道に入門する女子も少なくありません。彼女達にいきなり激しいパワフルな剣道技能の獲得をねらったハードな稽古を課すことは避けねばなりません。

素振りや基本打ち、切り返しや打ち込み稽古において終始動きの美しさを追求させ、形《かたち》の完成度を高めることに目標を置くことから始めましょう。

この時期は運動学習の効果が驚くほど顕著に現れるものです。次から次へと新しい技能的課題を示し与えることによって、小学校期からの体験者と肩を並べるのに多くの時間は必要としません。鍛錬的で単調な反復運動を課すよりは、研究的な課題解決的練習のほうが効果を上げやすいことを知っておきましょう。

そのため指導者の側には、剣道技能の体系や技術要因の分析的研究と、個人の能力に適合した課題の与え方の工夫が必要となってきます。

高等学校期（十六歳〜十八歳）は、男子より僅かに早く身体的成熟を見る時期となります。各個人の身体的特徴に適応した技能の個性化の段階と言えるでしょう。

筋力の発達や持久力の向上を背景として、基本打突や各種の対人的技能に力強さを加えていく段階でもあります。自己の体格や体力の特徴をよく知りながら、腰の入った踏み込みがしっかりした体捌きや、冴えのある打突を身に付けていくことを中心課題に据えることになります。

また、この時期の男子の剣道が一層パワーやスピードにその輝きを見せるのに対して、女子の場合は力に依存するのではなく、間合や拍子を心得たリズムやタイミングの良さが光る剣道に一層磨きをかけたいものです。

すなわち、眼が利《き》き間合に明るいという対人的技能の理合の追求に徹した剣道の完成を目指すのです。高校生の試合を審判してみると「女子のほうが技の理合が見られる」という高段者の声をよく耳にします。激しい闘志を基盤に据えることは申すまでもないことですが、それをむき出しにせず内に秘めて、柔軟で自由闊達な動きを展開して、技で戦う剣道こそ女子剣道の本領と言えます。そしてそれが、女子剣道の美しさにつながり、女子の生涯剣道の礎となるのです。

残念なことに、ここ数年、女子の身体的特性を無視して男子と変わらぬパワーの衝突する傾向が見えてきたことは注意を要する問題と言わざるを得ません。

【女子の成壮年期】

体力・運動能力的に男子との差が一層明らかになる二十歳代では、間合・拍子と打突の好機を会得することを中心課題とした女性の剣道にさらに磨きをかけたい。また、家庭・社会的に多くの責任を担う三十歳代では、身体的運動刺激のみならず、精神の集中を必要とする剣道の特性を大いに活用して、稽古を生活の中味に取り入れ、健康な精神生活の糧としたい。

高等学校を卒業して二十歳代に入ると、女性としての成熟の域に達し、体力・運動能力的に一層男子との差が明らかになってきます。

そこで大学の剣道部員として稽古する場合にも、職場の剣道部や地域の道場・クラブで稽古する際にも、できるだけ女性同士での稽古の機会を多く確保したいものです。

身体的にかなりの運動負荷や激しい衝突（体当たりなど）を伴う対人的攻防動作に対応してきた十歳代と異なり、この時期にはより一層間合・拍子と打突の好機のコツを会得することを中心課題とした、女性の剣道に磨きをかけたいものです。

その意味で技の理合で稽古をつける上段位者との稽古の機会を多く持つことを勧めます。そして稽古において〝打たれて学ぶ〟力を身に付けておきましょう。すなわち打たれる前に何がどうなっていたのかをよく振り返って、攻め崩しや誘い出しの技術を学び取るのです。

お互いの稽古においては、激しく仕かけて打ち掛かっていく技よりも、気で詰め寄っておいて相手を引き出して出頭を押さえる技や、体をかわして抜いて打つ技、あるいは体をかわしつつ摺り上げて打つ技など、応じていく技を多く発揮したいものです。

また右足の踏み込みは、ことさらに強く踏み込まず必要にして最小限の強さで行ない、腰部に及ぼす衝撃をできるだけ少なくしたいものです。

さらに上体をしっかり支えるための腹部および腰部の筋力強化は是非とも欠かさず励行するよう心掛けてください。

この時期の女性は、お化粧やファッションに強い興味を持つものですが、至極当然のことであり、大いに結構なことです。その際、剣道で身に付けたキリッとした立ち姿と美しく腰の入った歩き姿、あるいは〝身を正す〟という剣道の美意識に誇りを持っていただきたいものです。華美に装飾するのではなく、清潔でシンプルな装いで姿勢や起居《たちい》振る舞いに美しさを漂わせることこそ大切です。肩や上腕部の筋肉の張りが気になる人も少なくないでしょうが、稽古の頻度が少なくなれば改善されますし、健康美の一つとしてむしろ誇りにすべきでしょう。

　女性にとって、運動の場面や日常生活における正しい姿勢の保持は、単に美しさの基礎であるばかりでなく、生理的解剖学的に重要な母性としての資質であることを忘れてはなりません。

　結婚・出産といった人生の大きな転換を体験するのもこの時期です。最近では、他のスポーツ競技において、経産婦の競技再開が随分と早期化したことが報じられています。それらは、いずれも充分な医学的配慮とスポーツ方法学の研究成果に裏付けされてのことです。剣道競技と出産後の稽古の再開との関係については、いまだ充分に研究されてはいないので、産後の稽古については細心の注意を払って、段階的に徐々に復活を図るべきでしょう。

　乳幼児の発育・発達にとって、母性は最も大切なかけがえのない存在であり、身も心も育児に専念すべきであって、慌てて稽古を再開すべきではありません。剣道修錬によって培ってきた健康で逞しい心と体のエネルギーを子どもに与え、明朗で落ち着いた母性としての輝きを増すよう心掛けましょう。

三十歳代になると、家庭的にも社会的にも多くの責任を担うことになり、仕事中心の生活を余儀なくされるものです。したがって運動不足や精神的ストレスの蓄積が心配になってきます。女性の場合には社会的役割に加えて、家事や育児の負担を抱えて疲労する場合が少なくありません。

そこで、身体的運動刺激のみならず、精神の集中を必要とする剣道の特性を大いに活用して、心のストレス解消に稽古を生活の中味として取り入れることを勧めます。充分な準備運動と、正しく合理的な基本稽古を重視して、優雅さの漂う女性特有の攻防技能を身に付けるよう心掛けましょう。

この時期の稽古は、先に述べたように、女性同士が集まって少ない稽古の機会を通してお互いに無理のない理にかなった一本を求める剣道を楽しみたいものです。しかしながら「稽古を試合の如く、試合を稽古の如く使え！」との教えを尊重して、和気に満ちながらも心の集中だけは決して欠くことのない気の張りつめた中味の濃い稽古に徹すべきです。

高等学校や大学時代の剣道競技力の格差は随分なくなり、理で打つ剣道に心掛けた人が、徐々に実力をつけて、昇段審査や試合で好成績を収めるようになった例は多くあるものです。

いわゆる「継続は力なり」です。

また、この頃から子どもの道場通いを手伝ううちに〝○○の手習い〟で剣道修錬に取り組むようになる人も少なくありません。腹から大きな掛け声を発することや、両手を同時に均等に使って竹刀を操作して大きく振りかぶる運動、あるいは真正面から心と心をぶつけ合う真剣味などは、何歳から始めても心と体の健康の保持増進に大いに役立つものです。

中年期後半の女性特有の生理的心理的変調（更年期障害）を、ごく軽く乗り切ったという例が示すように、剣道の特性が女性の身体的精神的健康の維持に大いに貢献し、心豊かな生活を支える礎となること疑いなしです。

子どもと共通の話題を持ち、同行の徒《と》として尊重し合うことによって、親子の絆が固く結ばれ、子育てに成功したという母子剣士や剣道一家の実例は多く耳にすることができます。

競技年齢が多年代にわたることや、真剣味を帯びた稽古の楽しさが性や年齢のハンディを越えて共有できることは、剣道の重要な文化財としての価値に他なりません。

以上、年代別に女子の剣道修錬のあり方に触れてきましたが、要約すると以下の諸点に留意していただきたいと考えます。

①入門期の女子の稽古は、男女同様の稽古メニューであっても、いたずらに強度な身体的負荷

を課すことなく、「男の子に負けないぞ！」という内発的動機を引き出すことが大事。
②中学校・高等学校期は、競技性追求の時期であるが、〝剣道漬け〟を避けて、文化的・教養的たしなみにも目を向けさせ、逞しさと優雅さを兼備した女子剣道の基礎づくりこそ大事。
③スピードやパワーに依存する技能よりも、間合や拍子を心得て、眼の能《よ》く利いた理合で使う対人的攻防技能の習得こそ大事。
④正しい姿勢と美しい動きの習慣が、女性としての立ち居振舞いに投影するよう心掛け、包容力や和気を母性として発揮することが大事。
⑤競技志向を越えて、健康法や求道的態度で修錬を継続することが大事。

【第六章】

女性篇（その2）

【対談】内海智恵子

（元福岡県筑陽学園高等学校教諭
現大阪市立修道館副館長）

道は根ぞ幹なり術は枝葉ぞと
さとりて説けや学ぶ人等に

【師の教え】

「女性は国を守る。そのために大いに剣道をやりなさい」と教わったとき、剣道は素晴らしいと思ってしまいました――内海
母性がしっかりしてこそ国は機能します。現代は平等であることと特性を活かすことを履き違えているのかもしれません――角

角　昔から剣道入門期の大事な課題を〝本体をつくる〟と表現しています。これは身体づくりや技術的な問題ではなく、剣道を学ぶにあたっての取り組み方や目標の認識をまず大切にしたものです。内海先生は長崎県の五島出身ですが、五島には馬場武雄先生［註］という剣道を通じた人間教育に血潮を注いだ教育者がいらっしゃいました。

［編集部註］馬場武雄（ばば・たけお）／明治三十八年二月十七日長崎県南松浦郡富江町生まれ。高野佐三郎範士の高弟・財津勝一範士のもとで修行。その後、旧制五島高等女学校、青年学校、旧制五島中学で教鞭をとる。戦後は荒廃した日本社会を憂い、以後五十年にわたり西雄館道場で剣道指導に従事し、その門弟の数は数千人に及ぶ。平成十年五月三十一日逝去。享年九十三歳。

先生は、いわゆる大《おお》先生の薫陶を受けた門弟の一人ですが、心の中にその教えが深く刻まれていると思います。まずは剣道を始めた頃のお話からお聞きしたいのですが。

内海　高校に入って剣道を始めるまで、「剣道は叩き合い」というイメージしかありませんでした。ところが大先生は技術指導ではなく、訓話から剣道の世界へと導いてくださいました。それで「剣道は素晴らしい、すごいものなんだ」と思ってしまったのです。山にたとえれば「富士山は高くて美しいんだよ」と教えられたときに行ったことも登ったこともない富士山に対し、美しいイメージを持ちます。ちょうどそれと同じで「剣道は素晴らしい」と思ってしまったのです。

角　剣道入門の要諦は「良き師につけ」と言われています。入門時期が若ければ若いほど指導者の影響は大きくなるのですが、先生は高校生から始められたのですよね。でも、大先生との出会いは衝撃的だった。

内海　入門したとき「女性は国を守る。そのために大いに剣道をやりなさい」と教わったんです。つまり、お母さんになることを想定されていました。

角　具体的に幾つか紹介していただけますか。

平成15年インターハイの剣道会場である、長崎県五島の福江市総合運動公園前に建つ馬場武雄氏の寿像

内海　たくさんありすぎて困ってしまうのですが……。例えば剣道は〝先〟を取ることが大切ですよね。それを生活に置き換えるとすれば、一日の生活の中で〝先〟を取っているのはお母さんです。誰よりも早く起きて家族を思いやって食事の仕度をし、家事のすべてを取り仕切ります。そして最後に床に入るのもお母さんです。そんなふうに女性としての生き方と剣道が結びついているのです。普段、当然のように家事をこなしていた母に対し、尊敬の念を抱きました。

角　女性としての感性を磨くことも視野に入れていたのですね。やはり母性がしっかりしてこそ国は機能します。かつては女子教育が独立し、女性としての立ち居振舞いや、母性としてのあり方などがしっかりと教育されていました。しかし戦後は男女平等となり、そういった教育はなくなってしまった。これは案外、女性にとって不幸なことかもしれません。平等であることと特性を活かすことを履き違えてしまっている感があります。

内海　剣道を一所懸命に勉強していくと、お母さんになったときに剣は執らずとも剣道を勉強していることと同じことになる、と教えられました。

角　たしか教えの根幹に「もののあわれを感じ、風流で優雅さがあり、思いやりのある日本民族の育成を目指す」ということを言われていますね。

内海　「日本民族の育成」と聞いたとき、剣道ってすごいものだと心から思ってしまいました。

大先生からは剣道を通じての教育、心の勉強をさせていただきました。例えば、お盆が近づけば子ども達に「お盆が近づきました。お盆は何のためにあるのでしょう」と聞かれるんです。入門したての私は何て答えていいのか内心ドキドキしましたが、その横で小学校に上がる前の子どもが「お盆は祖先の魂を迎え入れて、敬う日です」と、きちっと答えているんです。もう感動しました。最初にこうした指導を受けられたので、今でも剣道を続けているのだと思います。

角　なるほど。ところで話は前後しますが、大先生の教えを受けるようになったのは五島高校で次女の馬場はるみ（現姓・桜木）先生の指導を受けたことがきっかけですよね。女性の指導者はごく少数だった時代ですね。

内海　私が育った五島は高校そのものが少なかったので、特に先生が女性であったことは意識しませんでした。ただ玉竜旗大会に出場したとき、はるみ先生が女性監督として新聞に取り上げられたのを見て、はじめて自分の環境を知りました。

角　監督として女性が席に座ることは本当に少なかったですよね。さて五島高校を卒業された先生は剣道の名門・国士舘大に進まれました。教員を志してのことですか。

内海　いえ、ただ剣道を勉強したいという気持ちだけでした。それで恩師のご子息である馬場欽司先生がいらっしゃる国士舘を選びました。

角　馬場（欽司）先生の指導で印象に残っていることはありますか。

内海　とにかく厳しい指導で、勝負に対しても徹底していました。大先生の精神的なものを重視する崇高というか、理想というか、高いレベルのところから実戦派に変わり、カルチャーショックを受けました。

角　大先生のいわゆる理論・哲学的な側面に魅力を感じ、大学ではそれを深めようと思った。ところが馬場先生は大先生とはまるで違った指導法だった。

内海　すごく悩んだのですが、頂点は一緒なんだと気付きました。質的には違う様相をしていても日本の心を大切にするという点は同じでした。厳しさも剣道を学ぶ上で必要なことだったのです。

角　それで四年次には創設された全日本女子学生優勝大会で見事、優勝を飾りました。剣道を始めて僅か七年で大学の頂点に立った。ある意味では非常に急速な進歩だと思うのですが、この優勝で心境の変化はありましたか。

内海　剣道をやりたいという一念で大学に入り、四年間やり通した結果、優勝大会に勝つこともできました。だから剣道にひとつの区切りをつけようと思いました。

角　意外な答えですね。それでは卒業後の進路は、剣道とはまったく縁のない進路を考えていたわけですか。

内海智恵子

（うちうみ・ちえこ）昭和35年6月6日長崎県福江市に生まれる。剣道は五島高校に入学と同時に始め、同時に西雄館にて故馬場武雄教士の薫陶を受ける。高校卒業後、国士舘大に進み、大野操一郎範士、馬場欽司教士などの教えを受け、第1回全日本女子学生剣道優勝大会で優勝を飾る。卒業後、筑陽学園に赴任し、平成7年には同校女子剣道部を玉竜旗大会優勝、九州総体優勝に導く。平成9年度インターハイ団体戦3位。現在、公益財団法人大阪武道振興協会・大阪市立修道館副館長。剣道七段。

内海　ええ、実は東京の一般企業に内定も頂いていました。

角　でも卒業後は筑陽学園に勤務しています。そこには急激な状況の変化があったのですか。

内海　ちょうど教員を募集していた筑陽学園に大学の先輩がおりました。それで欽司先生から「勉強してきなさい」と勧められました。でも私は剣道から離れて別の勉強をしたいと心に決めておりましたので、最初はお断りしました。でも欽司先生は納得なさらず、「行け！」「いやです」「行け！」「いやです」の押し問答が三日間続きました(笑)。

角　でも結局は教員の道に進むことになった。方向転換した決め手は何だったのですか。

内海　「一年でもいいから自分の受けてきた剣道の教育を実践してみなさい」という欽司先生の一言です。そう言われたとき、大先生の「十年お付き合いしても、一年お付き合いしても、ほんの一瞬でも〝あの人は……〟と言われるような人間になりなさい」という教えを思い出しました。振り返ってみると転機には必ず剣道があるんですね。それで一年と思ってお世話になったのが、ズルズルと十七年も経ってしまいました。

【指導現場にて】

女性の偉大さを識り、剣道で学んだことは生涯にわたり生かせることを伝えたいです――内海
剣道の目指す人間性は、女性にとっても大切な要素がたくさん含まれています――角

角　先生には五島で培われた確固たる剣道哲学があり、それをもって教職に就かれました。しかしながら女性指導者はまだまだ少なかった時代です。その点で何か苦労されたことはありますか。

内海　剣道の稽古は本人達が取り組むのであって、指導者に男女差はないと考えていました。それは今でも変わらないのですが、逆に男性指導者から見下されたような言い方をされたり、うちの生徒達に聞こえるように「女のチームに負けて情けない」などと言われたことはありますね。

角　聞こえるように、ですか……。何ともレベルの低い話で男性指導者の一人として恐縮する思いですが、私も基本的には指導者に男女の差はないと考えています。しかしながら女性指導者の特性が何かあるのではと感じています。特に心掛けてきたことはありますか。

内海　まずは生徒との信頼関係を築くことを常に目標にしてきました。剣道を通じて立派な人間になること、これを愛情と責任を持って指導できたらと思っていました。特に女子の指導を任されましたので、女性の偉大さを識り、剣道で学んだことは生涯にわたって生かせることを生徒に伝えていきたいです。

角　剣道の目指す人間性は女性にとっても大切な要素がたくさん含まれています。剣道は激しいことを実践するので、相手を思いやる気持ちがなければ単なる叩き合いになってしまいますね。具体的にはどんな指導をなさっているのですか。

内海　常に伝統文化の由来などを教え、いつか母親になったときに、日本の伝統文化を子ども達に話してあげられるような豊かな人間に育ってくれればと思っているんです。それができれば子どもから尊敬されるでしょうし、家庭円満へとつながっていくはずです。

角　なるほどね。ご承知のように福教大にも先生の教え子が一人いるのですが、剣道部内での人間関係や私どもとの会話の中に実に豊かな人間性を感じていたんです。明らかに男の先生に指導を受けてきたのとは違う何かがありました。先生は「他人の見ていないところでもちゃんとしなさい」とよく言われるそうですね。彼女にもそれがしっかりと備わっています。今日、先生にお話を聞くまでは彼女の持ち前かと思っていましたが、先生の教えが活かされていることがよくわかりました。

内海　ありがとうございます。

角　ついでながら言うと、もちろんすべてではありませんが、男の指導者の教えを受けてきた女子学生の中には、男言葉がつい飛び出したり、男子と同様の態度で強気を誇示したりすることが見受けられます。〝男まさり〟のイメージが強いのに対し、日頃の女らしさからは想像もつかない激しい闘志で相手に立ち向かうというイメージを与える学生は、女性指導者の教え子に多く見られるような気がします。それで内海先生とその辺りをじっくりお話しできる機会があればと思っていたのですが、実際に竹刀を握る稽古以外でも何か取り組まれているのではないですか。

内海　はい。週に一度、茶道の稽古を採り入れています。それと書道を月に一回、不定期ですが行なっています。茶道は専門の先生がいらっしゃいますので、その先生にお願いしているんです。

角　茶道に「備えよ常に」という教えがあると聞いています。静寂の中に身を置き、全神経を指の先まで配りながら、しかも固くならずに淀《よど》みなく、作法にしたがってお手前を披露する。この心境は剣道の構えに通ずるものがありますね。お茶のお手前は上達していますか。

内海　していますね。求める姿勢があれば、こんなにも変わるものかと反対に私のほうが勉強させられました。

角　気遣いが苦手な子どもでもお茶を学ぶことによって気配りや目配りをすることが身に付いてきているようですね。書道についてはいかがですか。

内海　書道は基本的に書きたいときに書くようにしてい

お茶の稽古は内海監督が就任した時から採り入れている

ます。うまい下手は別にして感動を覚えたとき、心を静めたいとき、試合に負けて悔しい思いをしたときなど色々です。

角　うまく書いてやろうとかバランスよく書こうというのではなく、丹田呼吸とともに躊躇《ちゅうちょ》せずに一気に筆を運ぶことが大切です。激しい攻防の稽古と、真・善・美を追求する芸術や文化に親しむことは、幅の広い人間性の涵養に大いに役立つはずです。男子は武骨一辺倒でも通用するかもしれませんが、女性はそうあってほしくない。立ち居振舞いや心配りに女性らしさを発揮できる人になってほしいものです。

内海　そうですね。

角　でも、ちょっと意地悪な質問をさせてもらいますが、お茶にしても書道にしても現代の子ども達はあまり興味を示さないと思うのですが。

内海　私もそう思っていたのですが、意外な展開です。ただ普段から感動の機会をなるべく多く与えるように心掛けてはいます。書道や茶道だけでなく全員で絵画展や映画に行ったり、いろいろな機会を作るようにしています。例えば「今日の稽古は美術展」みたいな感じにです。

角　感動の機会をたくさん用意することが仕事と考えているのですね。押し付けるのではなく、先生も一緒になって取り組み、その中で興味づけをしているのですね。

内海　ちょっと話から逸れてしまうかもしれませんが、うちでは計画はすべて子ども達が立てるようにさせているんです。そのためにレクリエーション係、誕生日を祝うバースデー係など役割を決めています。

角　誕生日を祝うのですか。

内海　祝うといっても盛大にパーティーを催すとかではなく、稽古終了後に全員でハッピーバースデーを歌ってあげたり、手作りのケーキを贈ったりする簡単なものです。卒業生にも二十歳まで、つまり二級下の後輩（三年時の一年生）が在学している間は手紙を送るようにしています。

角　手紙の指導もされているのですか。

内海　日本人として手紙を書くことは、思いを馳せるという意味でとっても大事なことだと思うのです。まず形式を覚えさせるために『手紙の書き方』みたいなマニュアルを渡します。それで入学した一年生には中学校時代の恩師に近況報告を書かせます。また礼状を書くにしても、何が勉強になったのかを具体的に書かせるように指導しています。それが心を表わすことになると思うのです。

角　そういった小さな積み重ねが実を結んでいくのでしょう。お話を聞いていると剣道部は内海先生をお姉様にしたファミリーのような感じですね。

内海　いえいえ、そういう柔らかいことばかりではないんですよ(笑)。

角　それはそうでしょう。だから今度は怖い内海先生の話をお聞きしますね(笑)。楽しいだけでは厳しい勝負の世界を勝ち上がることはできません。奇しくも今日は玉竜旗大会の女子の部を終えたのですが、筑陽学園が初優勝したのは何年前になりますか。

内海　平成七年ですので四年前ですね。

角　初優勝したときの思い出はございますか。

内海　当時、私はケガをしていたので稽古で生徒を鍛え上げることは申し訳ないくらいできませんでした。

角　生徒を強くするには指導者が自ら元に立って鍛えることが一般的です。それができないとなると何か指導上の秘訣があると思うのですが。

内海　秘訣というと大げさになってしまいますが、稽古がつけられない分、元立ちの養成には力を入れてきました。つまり生徒同士の間でも緊迫感を持たせ、先生と生徒の関係を作るのです。言葉で言うのは簡単ですが、これがひとつの特徴になるでしょうか……。

角　元立ちを鍛えたのですね。

内海　先生方が元に立てば生徒の力を存分に引き出すことができ、生徒は思い切って身体を預けられます。ところが生徒同士だと打ち込み台で終わってしまいがちですので、お互いを鍛えるという意識改善から入りました。

角　自ら元に立ってガンガン稽古をつけることができなかった時代に元立ちに対して厳しい指導を行なった。これによって強い気が養われてきたのですね。対外試合ではどういう指導をなさいましたか。

内海　最初は攻めができず、常に〝先〟を取られて相手のペースで試合を運んでいました。このことは自分の気構え、心構えができていないということです。そこを厳しく指導しました。

角　攻めが効かないということは自分の心にまとまりがない、勝負する姿勢ができあがっていないということです。

内海　今回の玉竜旗でも反省すべき点が多かったですね。攻めについてもそうですが、うちは相手の打突を受けっぱなしでした。受けた後の返し技を持っているチームは習慣づけられていますね。やはり習慣にしていかないと身に付かないですね。だから私はいつも同じことを注意しているような気がします。

角　お聞きしていて感心したのは、元立ちと、試合で戦う意思のない者には厳しい指導をしたこと、そして攻防技術の基本である打ちっぱなし、受けっぱなしでは駄目だということです。いずれも剣道の中心的な事項を外していません。

【女性らしさを活かす】

女性らしさを活かし、そこを深めていくべきではないでしょうか——内海
置かれた立場に妥協せず、剣道を媒介とした弟子との出会いを大切にしてほしい——角

角　さて、先生が生徒と一緒になって修行している姿がよくわかってきました。今日の玉竜旗大会でも女性指導者が監督席に座っている姿をたくさん目にしました。大学の剣道部、特に体育・教育学部系の卒業生も随分増えたと思うのですが、それでも女性が指導者として定着していないと思うのです。

内海　ひとつには女性の置かれている環境があるでしょう。結婚、そして出産となれば身を引かざるを得ない。また指導者の数は増えてきていますけれど、コーチ的な存在が多いと思うのです。だから意外と軽視されている部分が多いと思うんですね。

角　うちの卒業生もほとんどが同じような状況ですが、先生は最初から監督という立場でしたよね。

内海　はい。女性指導者がほとんどいない時代にすべてを任せていただきました。その点、私は恵まれています。だけど指導者として引き受けたからには、どんな立場でも本気で腰を据えて指導にあたるべきだと思うのです。

角　女性が指導者として位置を占めていくには置かれた環境に妥協すべきではないですね。た

とえ数年であっても剣道を媒介として指導者として弟子に出会うことには変わりません。その出会いを大切にしてほしいですね。

内海　むしろ女性らしさを活かし、女性にしか気付かないところがありますから、そこを深めていくべきではないでしょうか。結構、女子生徒はごまかし上手だと思うのです。口では「ハイハイ」と元気よく返事をしながら本当は何もわかっていないのでは？　という場面を目にします。

角　男性は素直に聞いてくれていることによって安心しきってしまうのでしょう。私も指導者として女子学生をたくさん預かってきていますが、果たして女子の特性に適した指導を行なってきたか、振り返ると背筋が寒い思いがします。男親が愛娘には甘いのと同じことかもしれませんね。

内海　それに取り組んでいらっしゃる先生方はたくさんいらっしゃいます。そういったチームは技術も身に付き、結果も出していると思います。

角　思春期から青年期に入った生徒を指導するには表面的な従順さに満足してしまってはいけない、ということですね。

内海　日頃、部活動で接している時間が仮に三時間だとします。でも、そこでの言動を見ていれば授業態度や家庭での行動がすべてとは言えませんが予測できます。子どもの目を見れば何か悩みがあるのではないか、体調が悪いのではないかなど伝わってくるんです。子ども達もそういう愛情を待っているのではないでしょうか。

角　案外表面的なことで満足していることが多いのでしょう。大変手厳しいですが、核心を衝いていますね。

内海　ただ私にもガンガン鍛えていた時代がありました。気魄ばっかりを教え、歯を食いしばっていくことが大事と思っていたのです。そうしたらある日、普段はとっても元気のいい生徒がふぁ〜としているんです。「しっかりしなさい！」と気合を入れるのですが、全然駄目なんです。厳しく叱りました。だけど次の日も同じなのです。それでおかしいと思って病院に連れて行ったら鉄欠乏性貧血［註］でした。

［編集部註］鉄欠乏性貧血／体内の鉄分が不足するためにおこる貧血。クラブ活動で活発に運動する中学・高校生は、新陳代謝が激しく鉄分が失われやすい。丈夫な身体作りのための運動がマイナスにならないように、しっかりとした食事環境を整え、鉄分を補給することが予防につながる。

角　これは女性にとって大変危険なことですよね。月経によって鉄分が不足しやすくなっている上、彼女達は激しい部活動により、皮膚や汗などから鉄分がさらに失われます。こうした慢性的な鉄不足の状態に気付かないでいると、やがては貧血や貧血の予備軍になってしまいます。

内海　気力では補うことができない生理現象でした。私は高校時代、看護科で勉強していましたので准看護婦の資格も持っているのです。生徒の病症に気付かなかったことに自己嫌悪に陥りました。それからは身体が資本ということで血液検査を毎年六月に受けさせるようにし、あわせて栄養指導も行なうようになりました。

角　栄養指導はともかく、身体をいたわり血液検査を施すことは男性指導者ではなかなか思いつかないことです。これも母親になることを見越した上でのことですね。

内海　いまは家庭も多様化してきており、食生活がほとんどファーストフードに頼っていたり、インスタント食品で育ってきたという子どもがいます。これでは鉄分を充分に摂取できないばかりか、鉄分の吸収を助けるために必要なタンパク質やビタミンCも不足してしまいます。脳も身体も食べ物がすごく影響していることを話してあげると自分の身体を気遣うようになりました。やはり知識があるのと無いのとでは大きな違いがあります。

角　恐らく剣道から離れていく女子生徒達の背景に、このことがあるのではないかと、ふと思いました。貧血症状を無視して激しく鍛えられた。推薦入学だから三年間は続けるけれど、もうあんなに苦しいことは嫌だ、という子どもがいるかもしれません。やる気はあるのだけれど身体が動いてくれない。本人もなぜ身体がこんなにも動かないかわからないのです。女子生徒を預かる指導者は真剣に配慮しなければいけない問題ですね。

内海　そうした心配りがあれば子どもは反対に甘えなくなると思います。これが守り過ぎると甘え、ごまかすようになるので、微妙で難しいところです。でも優しさがあれば子どもはそれに応えようとするものです。

角　環境が整い過ぎてしまうと、ついそれを理由に甘えてしまう。例えば父母後援会がバックアップしすぎてしまうことがありますよね。移動も弁当もすべて父母が用意して子どもは何をしているかといえば、ただ竹刀で打ち合いをしているだけ。

内海　強化合宿などでもお母さんが食事を作るケースがありますよね。でもうちはそこから勉強なんです。野菜も切れない、米も研げない、水加減も見られない、結構こういう子どもがいるんです。何もできないなら、お皿くらい並べられるだろうと思うと、ただボーッと突っ立っているだけ。台所は戦争ですよ(笑)。

角　剣道をやってくれていれば安心という気持ちが親の中にあるんですね。ただ竹刀で叩き合っていても人づくりはできません。過干渉の極みが剣道界でも出てきているのでしょう。本当は剣道で勉強しなければいけないのに……。

内海　当たり前のことですが私はトイレもお風呂も子ども達と一緒ですよね。その場面で女性としての振る舞いというか、行動がよく見えてくるんです。例えば入浴時のマナーです。みんなが使うところでは汚しても平気といわんばかりの子どももいます。やはり湯船をもう一度見て次の人が気持ちよく使えるような心遣いを行動で示せる女性になってもらいたいです。洗面器を戻すこともしなければ、スリッパは目茶苦茶。道場で履き物を揃えることを厳しく指導されているのに、です。

角　これはもちろん男性にも当てはまります。よく剣道では道場の外でその尊い教えが実践されていない、と厳しい指摘を受けることがあります。

内海　私は剣道即生活、生活即剣道ということを教わってきたので、そういうことがおざなりにされると残念です。子ども達は口やかましく指導されるので、本当に窮屈だと思います。一方で指導者も大変な努力が必要です。だけどそれが習慣化によって意識まで変えられるのです。当たり前のことが、ごく自然にできるようになったとき、成長があり、人の心も理解でき、人を大切にできる思いやりが備わり、思考力を身に付けた生徒に育つと思います。

角　せっかく剣道という激しいものを修行しているのだから、男性には気付かない、きめ細やかな女性としての心遣いをあわせて持ってほしいですね。

本日は（玉竜旗大会で）お疲れのところ、ありがとうございました。

（平成十一年七月二十六日収録）

【第七章】大学生篇

奥山にこころを入れて尋ねずば
深き紅葉のいろも見まじや

青年後期から成人期に至る大学生の時期（同一年齢期の社会人を含む）は、身体の形態・機能の発育が完了する時期になります。したがって個人の日常的な身体活動（運動）の質や量は、その人の身体的な完成度（健康度）に明らかに現れてくることになります。

すなわち、各個人の生得《しょうとく》的な発達の可能性の上限近くまで磨き上げる人と、形態的な自然な発育のみにまかせて、意図的な身体運動を回避する人とでは、一生涯の生活を支える身体資源の質・量に大きな差が生じることになります。

高等学校までは教科としての体育実技の時間が保障されていますが、大学ではそれが選択科目になる場合が多く、身体活動の機会は自ら作り出さなければなりません。発汗を伴うほどの身体活動を一週間に一度も実践しないような生活を送っていれば、すでに生活習慣病の予備軍に加えられるほどに、身体的諸機能の低下をきたすことになります。日常的に運動文化に親しむ態度や技能を身に付けることは、現代人の教養の一つであり、成人としての責任であるとさえ言えるのです。

一方、精神生活の面については、高校生までの広範な基礎的教養の学習と違って、大学での勉学は人文・社会・自然の諸科学の真理の探究や、芸術・スポーツの奥義の追求が個人の志向に添って一層深まる時期に入ります。

剣道の修錬も知的好奇心を基盤として、文化としての真価の追求に向けられるべき時期に入ってこなければなりません。したがって競技の結果のみにこだわりを持つのではなく、修錬の過程で何をどのように追求すべきなのか、常々自問しながら稽古の質やねらいに問題意識を持たねばなりません。

学生時代は一廉《ひとかど》の人物になるための基礎固め

成人期に入っていくこの時期は〝自主と責任〟の自覚が求められることになり、論理的思考力や芸術・文化への深い探究心、あるいは社会的問題への課題認識も高まってこなければなりません。しかも専門的学識や技能の習得と併せて、社会を支えるに足る人間性の錬磨がこの時期の若者の生活課題と捉えるべきです。偏差値や学力判定テストの点数（量）にばかりこだわって、課題解決能力や円滑な人間関係づくり、あるいは多様な思考力・創造力といった真の学力（質）の定着を見逃してはいけないのです。

知識の量的な集積に疲れきって、大学入学後は知的好奇心を忘れ去ったような学生であってはなりません。自ら志望した学部や講座に誇りを持ち、専攻分野の原理・哲学の書物に多く接し、自らのアイデンティティー（自己同一性）を高めることに専念してほしいものです。青春を謳歌し、自由豪放に遊ぶこともあながち悪とはしませんが、怠惰に溺れて学びの姿勢を崩すようなことがあってはなりません。

設問に対する解答を急ぐのではなく、個性的なものの把え方や考え方に多く接して議論を深め、自己責任を自覚して自己主張し、自己実現を図る姿勢こそ、学生らしさではないでしょうか。

日本の伝統的運動文化である剣道の修錬のあり方を示した「百錬自得」の教えは、まさしく答えを急ぐのではなく、朝鍛夕錬の歩みを尊重した貴重な方法学と言えます。また、修錬の入口では、〝本体をつくる〟ことが大切であると説かれています。すなわち師の教えを信じ、その道を求める覚悟を決めるということです。

一方、学問における真理の探究においては〝なぜか〟という疑問が発端にあるべきです。疑問（問題意識）が湧くことから、調査や実験・研究がはじまり、議論を通して真理に近づくのです。

学生生活の貴重な時間を、信ずることからはじまる道と疑問からはじまる道を両輪の如く位置づけて歩むことによって、調和のとれた一廉《ひとかど》の人物としての基礎固めにあてていただきたいものです。

最高学府における教養教育としての剣道の意味

我が国の大学の教養科目に体育が組み込まれたのは、一九四五年以降のことです。古いヨーロッパのカレッジでは、課外のスポーツ活動がエリートとしての欠くべからざる教養の一部として尊重されていました。それはスポーツの技や力を高めることのみではなく、スポーツマンシップがジェントルマンシップの礎にあるとする捉え方に拠ると考えられます。すなわち知・徳・体の調和こそ、社会の指導者たる人物の必須の要件と考えられていたのです。この考え方の延長に大学における教養科目としてのスポーツ実習が位置づけられます。また、知的活動の豊かな発想は、身体活動による脳の活性化に依拠《いきょ》するところが少なくないことはよく知られています。

しかしながら教養のスポーツ実習は、運動によって身体的刺激を保障するというのではなく、運動の文化としての理解を深めることにそのねらいがあるのです。

剣道もまた他のスポーツと同様に文化としての価値を評価されて、その実践が人間の生活に潤いと豊かさをもたらすことが期待されています。

しかしながら、ここで注目しなければならないのは、外来スポーツと我が国の武道とは明らかにその文化性が異なることです。

スポーツはいずれも勝敗の不確定性の原則を保障するルールに基づいて、競争・競技（ゲーム）を楽しむことが究極のねらいと言われます。したがってルールの範囲内で許されるぎりぎりの技術・戦術を用いて相手を打ち破る努力が楽しみの対象となります。

一方武道は、その原点が相手を殺傷する戦闘技術であったものが、〝人間形成〟や〝精力善用・自他共栄〟という教育的価値の追求を真価とする文化に発展してきた歴史を持っています。

つまり直接的対人的格闘運動は、勝敗の結果を問題にするのではなく、相対峙する両者がその技術・体力の限りを尽くして見事な技を追求し合う過程に喜びや楽しさを位置づけるのです。打つ・突く・投げる・かわすという激しい対人的攻防運動を展開しながらも、お互いを自己の向上のためのよき協力者として尊重し、尊敬の念をもって接する態度の形成が重要な学習課題となります。

また、竹刀を媒介しての直接的対人的攻防運動の成否は、旺盛な心の発動を起点とした気力の支配する部分が多く、初心者にとっては新鮮な心理的刺激となります。

旺盛な攻撃の意志と冷静な判断力が駆使されてはじめて見事な攻防技術が発揮されるのであり、快い心の緊張感の体験は、遊戯的スポーツ活動では体験できない貴重な文化的体験と言えます。

心・技・体の一致した技の追求や、相互協働の対人的攻防運動の体験によって、礼節・謙譲・勇気・廉恥などの武道の目指す人徳涵養法の一端に触れることは、大学の教養教育としてまさに相応しいものと言えるのです。

国際化の進展によって、多様な人的交流がさらに頻繁になる将来、剣道の精神文化性（武徳の涵養）を理解して、誇りを持ってそれを語る若い世代が増すことが大いに期待されます。

【大学で剣道を学ぶ】

自主と責任が求められる学生時代は、剣道修錬者としても自立を図り、剣道学習集団の一員から独立して修行道を歩む一人の剣士であることを自覚すべし。修錬課題としては〝地〟を練ることを主眼に置いて日々の稽古に取り組みたい。

青年剣士の剣道修錬の実態を知ろうとするとき、ともすれば各種の全国規模大会の競技成績に目を向けてしまいます。しかしながら新聞報道や連盟機関誌あるいは剣道雑誌などの紙誌面に登場するのは、ごく一部の競技力優秀な選手達に限られます。ところが一方には、競技成績としては結実しないけれども競技と自己鍛錬を併せねらって、真摯に稽古に取り組んでいる多くの青年剣士が全国津々浦々にいることを見逃してはなりません。

彼らもまた卒業の後には、自ら生涯修行者として日本の剣道界を支え、あるいは地域社会で後進の指導に携わることになる人材なのです。

ここでは学生時代にぜひ身に付けておきたい、剣道の求め方について触れておきましょう。なぜなら青年後期から成人期に至る段階の精神生活の特性や社会的立場を考慮すると、学生剣道は高校剣道の単なる延長であってはならないと考えるからであります。

第一に剣道修錬者としての自立を図ることです。高校生の段階からすでに自己の修錬目標をしっかり自覚し、体力や技能の向上を図るとともに人間性の高揚に勤《いそ》しむ剣道部員も数多くいると思われます。

しかしながら高校の部活動は顧問教師の指導性が強く、その監督範囲の中で自己との対話や葛藤によって成長していくものです。一方、大学の剣道部は主将を中心に学生の自治によって活動が展開され、部長や師範はそれぞれの専門性を発揮して学生の主体的活動を側面から支援する立場をとります。また卒業生達も自らの体験を踏まえて、現役の活動を見守り経済的支援や稽古の元立ち、あるいは卒業後の就職活動支援などに貴重な役割りを果たすのです。

したがって各人の稽古への取り組みについては細かい制約を受けることなく、一人ひとりの自覚に任されることになります。だからこそ自己規制能力の確立が求められ、強い自己実現意欲の醸成が図られなければなりません。

つまり剣道学習集団の一員から独立し、修行道を歩む一人の剣士へと意識改革を図られなければならないのです。競技者として試合をする場合にも〝自己の誇りにかけて戦う〟意識がまず根底に据えられ、〝剣道文化の伝承に寄与する自覚〟と〝母校の名誉にかける責任〟とが闘志の源になるべきでしょう。

第二には、高等学校までに身に付けてきた多彩な応用的技能や固癖《こへき》を捨て去って、もう一度基本を確たるものにして〝地〟を強くすることに専念することです。

この段階での剣道の〝地〟とは、以下のような内容と考え、それぞれの課題を克服するための稽古のあり方について触れておきます。

①身体接触を伴いながら〝打つ・突く・かわす〟激しい運動に適応できる十分な筋肉量を備えた身構えの確かさ

身構えの確かさを身に付けるには、気構えの強さを併せ持つ必要があります。高校生までは軽快なフットワークで縦横無尽に小刻みに動いて、タイミングをはかってスピーディーに跳び込む剣道が主流を占めます。したがって構えの

大学の剣道部は主将を中心に学生の自治によって活動が展開され、稽古への取り組みについても細かい制約を受けることなく、一人ひとりの自覚に任されることになる。だからこそ自己規制能力の確立、すなわち修行道を歩む一人の剣士としての姿勢が求められる

定まる暇はありませんが、大学生期に入れば相手を寄せ付けないほどの仁王立ちにも似た身構えを理想とすべきです。

しかもそれは固くなって瞬時の反応動作に支障をきたすものであってはなりません。攻撃にも防御にも即座に対応できる体の備えであるためには臍下丹田に張りを維持し、腰椎《ようつい》周辺の筋肉群を適度に緊張させなければなりません。

そのあたりを中心に、下肢と上肢は先端部にわずかに注意を集中させせて、肩や肘、膝や足首の関節周辺の筋肉は無用な緊張を解いて、ゆとりを持たせて立つことが大切です。そのような構えで相手と真正面に立ち向かい、安易に横に移動せず、わずかに前に出て気当たりし、後ろに引く時に相手を誘い込むような気競り合いを重視するのです。

②打突の冴えにつながる刃筋正しい竹刀捌き

刃筋の立った竹刀操作は一人稽古でも充分体得できます。まずは竹刀の握り方に固癖の生じている場合が多いので、木刀を用いた各種の素振りで握りを矯正して、手の内の感触をつかむことです。ただし相当の数をかけなければ身に付くものではないことを覚悟して、竹刀の柄を小判型にしてみるのも良い方策です。

そして何よりも素振りや打ち込み・切り返しの稽古の量を増やすことです。特に近年、面打ちや小手打ちに際して剣先が左廻りにまわって打ってきたり、胴打ちが下からしゃくり上げるようにして〃手打ち〃になっている例をよく見かけます。

各種の素振りや打ち込みを大きな動作で、確かな足捌きによる腰の水平移動を伴って実践するよう心掛けなければなりません。腰の引けた前傾姿勢では、つい手の操作がぎこちなくなり、かろうじて当てることが精一杯となり、とても刃筋の矯正はできません。やはり刃筋を正すのも安定した姿勢の維持が原点であることを自得しなければ打ちの冴えにはつながりません。

③触刃から交刃の間合に入った際の肚《はら》のすわりと気のおさまり

肚のすわりと気のおさまりは心法であり、それのみを抽出して実行することはできません。稽古を通じてわずかずつ身に付けるしかないのです。

相手が遠間から一足一刀の間に近づいた時にもピクリともせず攻め返すほどの胆力を養うには、上位者との掛かりの地稽古を数多く体験することです。上位者の発する厳しい気攻めに抵抗し、何とかして元立ちの気構えを崩して、その竹刀を踏みつけんばかりの仕かけ技を繰り出すのです。

また攻め返しが効いて相手が思わず崩れる場面を繰り返しイメージして、自信に結びつける方法も実践の価値があります。

近年、大学生の稽古の実態を観察してみると、四年生になっても下級生を相手に、気を殺し起こりを封じて完璧に使いこなすことができる者は極めて少ないようです。スピードやタイミングに心を奪われた稽古から脱却して、肚を据えて心を統一し、旺盛な気力を充満させることに稽古の課題を置き換えることが大切です。

多彩な技で相手と打ち合うのも結構ですが、半ば逃げ腰の気構えであっては稚拙な叩き合いの域を出ません。稽古後に一本一本を振り返って、自らの心の動揺がなかったか？　迷わず捨て切って打ったか？　などと自省する習慣が大切です。

また、稽古の相手はできるだけ気の強い人を選び、打つ打たれるの問題よりも、気で押す・崩すことにこだわりを持ってお願いすることです。昨日まで苦手と感じていた人（どうしても崩されて後手後手にまわってしまい、打たされたなという反省しか残らないようなお相手）に、ある時フッと〝先〟が懸かり、気持ちよく打って出ることができることがあります。

その時こそ肚のすわりが一歩前進した証《あかし》となるのです。そのような体験をさせていただけるのは、たとえ変則的な剣道をする人であっても、あるいは相手の構えなどお構えなしにグイグイ間を詰めるような人も、貴重な稽古相手ととらえて稽古を願うべきです。

苦手を避けているようでは肚のすわりは習得できません。

【大学剣道部の組織】

学生の剣道修錬はより求道的探究的であるべきであり、稽古を通して心を練り、技を磨いて人格の陶冶を図らなければならない。同時に、現代社会に通用する優れた社会性を涵養するには剣道修錬者に受け継がれている〝師弟同行〟〝自他同根〟の理念を共有する集団であることが第一条件である。

創設五十周年を迎えようとする全日本学生剣道連盟は、全国八地域学生剣道連盟の連合体として組織され、正・副会長のもとに学生幹事長を代表とする全国幹事会が運営の母体を形成しています。そして会長の諮問機関として各地域連盟の卒業生の中から選出された評議員会が重要事項について審議し、幹事会を支える形態をとっています。

各地域連盟でも、ほぼこれと同様に連盟の運営は学生幹事会の主体性を尊重する立場を堅持しています。また学部の特性を共有する学生剣士が組織を形成して、剣道大会を通じて交流を温めている例も少なくありません。

学生剣道連盟の運営に携わる学生幹事は、各大学剣道部員の中から選出され、学業と部の稽古の上にさらに、学連事務局に集まって実務を担当しているのです。実務の内容は、春先の登録受付業務に始まり、各種大会の準備（役員委員の委嘱・審判員の依頼と確認・大会要項の審議作成・参加申し込み受付・組み合わせ抽選・プログラム作成・広告取り・掲示物等の備品の準備・係員の確保と配置・開閉会式次第の検討・会場設営などなど多岐にわたり枚挙にいとまがない）や当日の運営・後仕末に至るまで、相当の時間とエネルギーを要するものです。

全国連盟の年間収支決算によれば、約五〇〇〇万円にのぼる事業を展開しており、しかも専任の事務員などは一切雇用しているわけではなく、すべて学生剣道部の一員の献身的奉仕活動によって支えられていることをよくよく承知しておかねばなりません。学生の本分たる学業や自己の稽古に支障をきたしてはいないだろうかと心配するのは、私一人ではないでしょう。

学年進行に伴って、毎年交代する幹事会の顔ぶれですが、各種大会が回を重ねて伝統を築き上げてきたのも、学生幹事会に受け継がれている奉仕献身の精神と、剣道を愛する心情と、伝統を守り抜こうという責任感があればこそと深く敬意を表わさずにはいられません。

全国津々浦々の学生剣士の一人ひとりは、「学生の学生による学生のための剣道を守り育てる」との自覚を片時も忘れてはならないことを強調しておきます。ましてや、選手として晴れの大会に臨む者が、学連係員の指示を無視したり、開閉会式の最中に姿勢を崩して私語に耽《ふけ》るなどはもっての外です。

さて、個々の大学では、体育会・学友会・学生自治会などの組織の中に剣道部が位置づけられ、学生自治の実践として主体性を尊重した活動が営まれています。また、部長・監督・師範・OB会組織など社会人との結びつきも強くなってきます。そこでは一個の独立した成人という立場で接触することによって、学業や剣道修錬以外の社会性を培う機会が増すことになります。

また現役部員の組織については、その機能を維持するために学年のけじめを保ったり、さまざまな役割を分担することは当然あるべきことです。しかしながら、誇るべきは剣道修錬者に受け継がれている〝師弟同行〟〝自他同根〟の理念を共有する集団であることです。

先にも述べた通り、学生の剣道修錬はより求道的探究的であるべきであり、稽古を通して心を練り、技を磨いて人格の陶冶を図ると同時に、現代社会に通用する優れた社会性を涵養するにはこの理念に立脚した規律統制のとれた集団でなければなりません。

上級生は下級生を慈しみ育てる態度で、下級生は上級生を敬い慕う態度で接し合う間柄を醸成していかねばなりません。

激しく打ち合い厳しい緊張感あふれる稽古時と、和気あいあいに肩を叩き合う時との調和の中からこそ真に礼に厚い人間の形成が図られるのであり、そこに豊かな教養が重ね合わされなければならないのは申すまでもありません。

下級生が卑屈に陥るような隷属を強要したり、上級生が傲慢な態度を横行するような集団であっては決してならないのです。

大学生期の剣道修錬の中心課題に求道的稽古を位置づけるのは、もう一つ大きな理由があります。すなわち勝利至上主義の蔓延を危惧する視点からであります。試合に出場し勝敗を競う体験は貴重な修錬の内容であることに異論の余地はありません。しかしながら〝試合を目指した練習〟のみに傾注したのでは、剣道の持つ高い文化性を見失ってしまいます。

また部内予選を経て正選手になった者のみがもてはやされて、〝勝てばよい〟という風潮に傾き、人間関係に溝を生じることにもなりかねません。勝者と敗者は、剣道の持つ勝負道を共に励んだ同根の士として認め合わなければなりません。そこに固い絆が結ばれ、心を一つにして対外試合に臨む態度にこそ学生剣道の成果が期待されるのです。そしてその延長線上に、試合する選手も運営に携わる幹事や係員も、あるいは応援する部員達も、平素の努力の成果を役割を分かち合って、先輩や社会に披露するという学生剣道大会が位置づいてほしいものです。

【稽古のあり方】

生涯剣道の方向性を左右する最後の機会となる学生時代、稽古の求め方は非常に重大な瀬戸際であることを認識すべし。こだわりを持って奥義の追求に励み、自らの意志で基本を見直し、理想とする剣道に近づくための工夫・研究の態度を貫きたい。

特別な場合を除けば学生時代ほど充実した修錬を積む機会に恵まれることはありません。生涯剣道の方向性を左右する最後の機会となる学生時代の稽古の求め方は、非常に重大な瀬戸際であると捉えておかねばなりません。

一般に稽古といえば地稽古を意味します。これには、掛かりの地稽古・互格の地稽古・引き立ての地稽古が含まれます。

立合の開始直後は互格に張り合いますが、初一本または二ないし三合ほど技を交えたら、下《した》手《て》の側はもっぱら先に仕かけて打って出る（掛かりの地稽古）ことに専念するのです。その際、上手《うわて》の側は、先の先を見越して時には攻め崩したり、虚を衝いて打って出ますが、多くは相手の仕かけに応じて体を捌き、出ばなをおさえたり、応じる技で仕留めたり、後打ちをして下手の側の気をゆるめさせないように立ちまわります。

ここで掛かりの地稽古のあり方について触れておきます。よく「打ち込み稽古は、大きく振り上げて正しく基本通りに打つ練習」、「掛かり稽古は、小さく素早く連続して打つ練習」と理解して実践している例を見かけます。

そのような違いがまったくないとは言えませんが、誤解があるようです。両方の稽古法の違いを理解するためには、打って出る側の方法のみならず、打たせる側の方法や両者の関係性についてよく理解しなければなりません。

以下、打って出る側に視点を置き、打ち込み稽古と掛かり稽古の方法上の留意点を挙げます。

〈打ち込み稽古〉

◉遠い間合をとる。

◉大幅の送り足で攻め入り、しっかりと右足を踏み込み、元立ちが体を開けば小刻みな送り足で進んで直ちに振り返り、また送り足で攻め込む。体を開かなければ体当たりして引きながら打ち、間合が切れたならばすぐに送り足で攻め入る。

◉竹刀を大きく振りかぶり、打ち下ろした際に全身のエネルギーを竹刀の物打《ものうち》の部分に集中するように打ち止める。振りかぶりが小さい場合にも手先で打つのではなく、足腰に乗せて正確に打つように操作する。

◉元立ちの示すわずかな構えの変化にしたがって、竹刀の打突部で打突部位を正しくとらえる。

◉一本の打ちで安易に息を継ぐのではなく、一息の続く限りできるだけ数多く打つ。

〈掛かり稽古〉

◉遠間・近間・一足一刀の間など、あらゆる間合を用いて試し、得意の間合をつかむ。

◉小幅の鋭い送り足で攻め入り、大技にも小技にも同様の強い踏み込み足を用いる。もっぱら打って体当たり↓引き技を繰り返す。

◉竹刀は必要充分な振りかぶりとし、もっぱら肘や手首の作用を効かして素早く打突部位をとらえる。正確に打つことよりも、さまざまに〝先〟を取った仕かけ技を磨く。

◉自分の打ちやすい状況をつくるために、さまざまな方法で相手の身構え・気構えを崩したならば、受けられること、かわされることを気に留めず、全身全霊を込めて打ち掛かる。

◉わずかな気競り合いの際は、息を溜めて、〝先〟を仕かけたら爆発的に発声(呼気)し、息を継がず二の太刀三の太刀まで技を出す。遠間で素早く息を吸って、再び溜めて競り合う。

以上のように打ち込み稽古は、寄せては返す荒波のように基本打ちを繰り返すのに対して、掛かり稽古は徹底して〝先〟を懸けて仕かけ技を試すのです。

したがって元立ちは、打ち込み稽古を受ける際には遠間をとって伸び伸びと打ち込ませ、掛かり稽古の際には強い気を発して相打ちにならんばかりの軽妙な体捌きで対処することが大切です。

以上、大学で剣道を学ぶ意義と学生としての稽古のあり方について触れてきましたが、学連の卒業生としてメッセージを送りたいと思います。

（その一）こだわりを持って剣道の奥義の追求に励むこと

高校生までは監督や顧問教師の指導理念に従って修錬を積むのが一般的です。しかし学生剣道は修錬過程でいわれる〝守・破・離〟の〝破〟の段階にさしかかっていると考えるべきです。その意味で自らの意志で基本を見直し、理想とする美しく強い剣道に近づくための工夫・研究の態度を貫いて、四年生で完成させる信念がほしいものです。

それには一人道具をかついで武者修行に出掛け、各地で〝交剣知愛〟の剣道の心に触れ、人間性に磨きをかけることが大切です。

（その二）スポーツのシーズン制を真似ることなく、生活内容として稽古を習慣化すること修錬途上の青年期では〝一日休めば三日かかっても技の勘は戻らない〟とさえ言われます。薄い紙を一枚一枚重ねていくような求道の姿勢を確立することは、勉学や仕事への取り組みに発展し、一廉《ひとかど》の人物となって人生の成功に結びつくでしょう。

(その三) 上手《うわて》に掛かる稽古を最重視すること

青年時代の厳しい修行は地力を肥やし、必ずや先で大きく伸びてくることを信じていただきたい。小手先で稽古せず、先に述べたような気で競り合う掛かりの地稽古に徹することによって、剣道の醍醐味に触れることになり、生涯剣道の基礎固めになるのです。

(その四) 剣道の真髄は心の修錬にあること

青年期には優れた運動機能や巧みな技術も重要な修錬の課題ですが、強い動機と意欲に満ち(心)、気迫のこもった(気)、技能の習得(力)を心掛けていただきたい。打った打たれた、勝った負けたの背後には、必ず心の働きの可否が存在することを知って、自己内省する態度を貫いてもらいたいものです。

(その五) 学生の学生のための学生による剣道組織の一員たる誇りと自覚を持つこと

全国大会などで優勝して脚光を浴びる選手も、大会を運営する幹事や係員も、同根の朋輩《ほうはい》であり、剣道を求める同行の士なのです。互いに敬意と信頼で理解を深め、新世紀の学生剣道のあるべき姿について議論する場も持ちたいものです。

【第八章】

——二十歳代篇

今年より三つ子となるも有り難し
赤子となれば尚有りがたきかな

二十歳の成人式を迎え、社会的責任を自覚し、自己の生活態度の変容を意識して実践する若者が、同年代の何パーセントを占めているでしょうか。その数値が増加してはいないことは確かなようです。

少子化が進み、身近に成人した先輩（兄や姉）を意識したり、未成年の後輩（弟や妹）と区別されたりすることもなく、同輩との交流がその生活の大部分を占め、親の保護のもとに二十歳代前半を過ごす若者が増えています。

〝人生五十年〟と言われた時代と異なり、平均寿命や定年の延長が進む今日の二十歳は〝まだ子ども〟と言われるのも致し方のないことでしょう。

しかし社会的認知はともあれ、精神的・肉体的な発達段階は確実にピークを経て、定常状態に至るというのが一般的であります。さまざまな運動機能や体力は、各個人の最高水準を維持し、高い水準の技能の獲得が期待できる時期と言えます。

また、社会生活の面では、自己の体力にまかせて無理をしてでもガムシャラに働くことを余儀なくされ、またそれのできる時期でもあります。

武道（剣道）の世界では〝二十歳代は未だ修行の緒についたばかり〟と位置づけられるのは昔も今も変わってはいません。この時期の剣道の修錬は、体力や運動機能にまかせて多彩な技能を身に付ける絶好の時期であり、得意の剣風を創り上げることになります。

ところが、現行制度では各都道府県審査の最高の位である五段を取得して、全国審査となる六段に挑戦しはじめる人も少なくありません。すなわち高段者の仲間入りの始まる時期となります。組織（剣道部）の一員としての修錬を卒業して、一人前の剣道修行者としての独立が求められることになります。

一方では元立ちとして後輩を引き立て、また一方ではさらなる高段位への道を一人で歩まなければならなくなります。この時期こそ社会的・家庭的生活にどのように剣道修錬を組み入れ、修錬の目標をどのように位置づけるべきか、しっかりとした動機を確立しなければなりません。

【社会に出る】

常に自己の判断のみによって相手とわたりあう剣道の修錬の成果は肚のすわりとして身に付いているもの。学生時代の豊富な稽古量を礎として剣道修錬の成果を実社会で活かしたい。複雑多様化する現代社会にあって心技一体の修得を目指す剣道の修錬は、まさに救いとなり、生涯かけて探究するに値する至極の文化である。

「学校を出づる時は、教科書と筆記録とを焼却し、改めて社会的新学生となる覚悟あれ」とは、後藤新平の『処世訓』の一節です。また、福沢諭吉は『学問のすゝめ』に、「学問は事をなすの術なり、実地に接して事に慣るるに非ざれば決して勇力を生ずべからず」と説いています。また同じく「独立の気力なき者は必ず人に依頼す、人に依頼する者は、人を恐る、人を恐るる者は必ず人にへつらう」とも説いています。

一般に学業も習い事も、何何のために学ぶとか習うという手段的な取り組みであっては、その真価に出会うことはできないと考えねばなりません。目的的に真剣味のある取り組みを継続してはじめて、学び取ったものがその人の血となり肉となって、社会に貢献し得る人間性の涵養に結びつくものです。

先の一節はいずれも、学び舎を巣立って社会に臨むにあたっては、それ相応の覚悟をもって出発すべきであることを諭しています。

剣道もまた同様に手段的にではなく、目的的に取り組むべき文化遺産であり、先達の伝え残したものには現代社会にも相通ずる教えが数多く秘められています。

柳生宗矩は、『兵法家伝書』において、「平常心をもって一切の事をなす人、是れを名人と云ふ也」として、事の大小、時の如何《いかん》を問わず、性根を据えて取り組むべきことを教えています。

宮本武蔵の『五輪書』でも、「兵法の道におゐて、心の持ちやうは、常の心に替る事なかれ」

と説いており、兵法を就業に置き換えてみれば何事にも心を据えてかかるべきと理解することができます。また同じく「我事において後悔をせず」と言い切っており、自らを信ずるとともに捨ててかかることの重要さを説いています。情報過多の現代にあって自ら信ずる道をまっすぐ歩き、結果をくよくよ考え込むのではなく、歩み続ける過程の真剣味をこそ大事にすべきと教えています。さらに「千日の稽古を鍛とし、万日の稽古を錬とす」と示した真摯な修行の態度は、勤勉を旨とする生きざまに示唆を与える貴重な教えであり、いつの世にも通ずる成功への鍵を示しています。

その他、先達の教えは数知れませんが、明治の教育者、新渡戸稲造は『武士道』の冒頭に、日本人の道徳観の原点が、かつて武士が武道修錬によって培ってきた倫理性にあることを論じています。すなわち、礼節・勇気・正義・廉恥・謙譲を美徳と称え、文武不岐を旨とする修錬の積み重ねが、事に臨んで毅然と対処できる人格を育んできたと説いています。

幼少の頃から常に自己の判断のみによって相手とわたり合うという剣道の、厳しい修錬の成果は必ずや胆のすわりとして身に付いているものです。しかも剣道修錬の究極の目的は、〝和〟の精神であり、職場や地域社会あるいは家庭にあって、無用な闘争を好まぬ生きざまに徹することを願うものです。鎬を削る激しい競争社会にあっても、つねに自己実現に努め、しかも周囲の人びとの人格の尊厳を冒すことのない礼節をわきまえた、求道的人物こそが現代社会の発展に寄与すること疑いません。

学生時代の豊富な稽古量や先輩・指導者との出会いを礎にして、社会に出てからは剣道の特性を深く思慮しつつ、その精神文化性の探究に心を置いて稽古に励むべきです。

稽古の価値は、単に身体的運動刺激を得るのみならず、雑念を捨てて心で闘うところに真価が在ると考えられます。一層複雑多様化する社会機構に身を置かざるを得ない現代人にとって、心技一体の修得を目指す剣道の修錬は、まさに救いとなり生涯かけて探究するに値する至極の文化であると申せます。

【稽古法の見直し】

社会人としての修錬の一人立ちが必須の課題となった時、最も大きな変化は、稽古の量的な減少であり、余程の工夫をしなければ体力や技能を維持することは難しい。しかし社会人となるこの時期こそ、これからが本当の修錬のはじまりと覚悟を新たにすべし。


剣道部員（学生・生徒）としての修錬から、社会人としての修錬の一人立ちが必須の課題となった時、最も大きな変化は、稽古の量的な減少です。

特別な場合を除き、毎日道場に立つことは望めません。したがって体力や技能を維持するには、余程の工夫をしなければなりません。また剣道部員であった時期は、それぞれの組織に指導者（指導陣）が置かれ、その指導・監督のもとに、伝統的・計画的な修錬を積むことができますが、社会人の場合にはそれが望めないことのほうが多いことになります。

先に、大学生期は高校剣道から脱却して、自己修錬の態度を確立することについて触れましたが、社会人となるこの時期こそ、ある意味では、これからが本当の修錬のはじまりと覚悟を新たにするべきです。

それを踏まえ、以下の五つの点に留意して稽古に臨んでほしいものです。

①自らの剣道の取り組み方を問い直し、生涯修行者としての〝本体をつくる〟こと

学生・生徒の時期には競技としての剣道を求めることが主な課題となることは否定できません。そこでは集団の一員として、競技（試合）を大きな目標として、稽古を積み重ねた結果として、人間性が磨かれることになります。しかしながら社会人の場合には、剣道の理念を目的に追求することを最大の課題とし、競技（試合）は目標達成のための一つの手段として位置づけるべきです。

つまり、少ない稽古のチャンスを生かして技と心のつながりを追求し、一層〝事理一致〟の剣道を心掛けるべきです。

②基本の見直しと掛かる稽古をもっぱら心掛けること

五段・六段と昇段すると、周囲から〝先生〟と呼ばれることもありましょうが、そこでいい

気になって自己修錬の姿勢を失って、進歩が停滞してしまうケースが少なくありません。

古くから言われるように〝少年と立ち合っても稽古になる〟という程に理合がわかることは、まだまだこの年代では望めません。

競技に走った時代を振り返って、しっかりとした基本（ここでは身体操作や竹刀捌きを意味します）を身に付ける稽古を大切にしなければなりません。したがって素振りや切り返し、打ち込み稽古で安定した体の水平移動や、腰から起こって肩・肘・手首へと伝導した運動を竹刀に合理的に伝え、冴えのある打ちを身に付けることです。

さらに、地域の剣道連盟や町道場での稽古の機会には、まず高段位者や先輩に稽古をつけていただく態度が大切です。そこで掛かりの地稽古に専念するのですが、高段位者や先輩とスピードやタイミングでわたり合うのではなく、気と気の張り合いを求め、合気を破って正攻法で打ちかかるのです。

ただし、ただ一本打ちの面技ばかりにこだわっていたのでは本当の地力の向上にはつながりません。待ちの気持ちを捨てて、旺盛な攻めの気位で元立ちに立ち向かい、張る・押さえる・捲くなどの多彩な竹刀操作を駆使して元立ちの剣を殺し、〝先〟を仕かけた多彩な仕かけ技で元立ちの攻撃を許さぬような稽古に徹することです。

気のゆるんだ十回の稽古よりも、短い時間で精根尽き果てるような激しい一回の稽古を大切に実践したいものです。

そして、真摯に掛かっていったか？　姑息《こそく》な技で打たなかったか？　失礼な振る舞いはなかったか？　などと自ら省みて、手厚くお礼の挨拶をするのです。

対等の位でチャンスをうかがったり、打っては引き上げて縁を切ったり、待ちの稽古をするほど失礼なことはありません。立ち上がりざまに横に動いて、「遊ぶな！」と喝《かつ》を入れられ、床板三枚の範囲で縦の線を強くするように、と教えられたものです。

③元立ちのあり方を研究して、技の理合を学ぶこと

先に述べた掛かりの地稽古に徹すべきことと矛盾してはいけません。ここでは〝先〟の気位で相手を威圧し、〝先〟を仕かけておいて出頭を押さえたり、相手の攻撃に対応して適切に応じる技を決める稽古をも積み上げるということです。

上位者に掛かるときの〝先〟の気位は、もっぱら仕か

少ない稽古のチャンスを生かして技と心のつながりを追求し、〝事理一致〟の剣道を心掛けたい。地域の剣道連盟や町道場での稽古会には、まず高段者や先輩に稽古をつけていただく態度が大切である

け技を発する原動力となりますが、下位の者と立ち合う際の〝先〟の気位は、少しねらいを変えて使います。下位の者に〝先〟を懸けたならば、相手の出方を読むくらいの余裕を持っていなければなりません。

剣道の技はすべて相手の変化に応じて適切に発揮されるのが理合にかなった技といえるのですが、動作で見る限りにおいては、先《きき》に打って出るものを仕かける技といい、その攻撃を封じたりかわしたりして打つものを応じる技といって分類しています。

ところが確実な応じる技は、必ず目に見えないほどの仕かけがなければ（〝先〟を懸けていなければ）理合にかなった技とはいえないのです。体勢を崩さず、最少の動きで合理的に体を捌き、適切な竹刀操作で相手の攻撃に対応して正確に応じ技を発する稽古は、下手《したて》の者との稽古によって身に付いていくものです。

そして相手（下手の者）の気を外さなかったか？　無理に打って相手を殺さなかったか？　相手の人格を尊重していたか？　などと自ら省みて、共に稽古した喜びを分かち合うのです。

④師弟同行・自他同根の態度を失わないこと

これは二十歳代で中学校や高等学校の教師として生徒を相手にする場合や、地域で少年達の元立ちを務める際に、よくよく心に留めておかねばならないことです。いつでも理合にかなった技を追求しながら、共に修錬する態度で臨むことは、以心伝心の無言の指導であり、剣道のみに受け継がれた伝統的かつ貴重な誇るべき方法論と言えます。

二十歳代にこの態度を貫いて稽古すれば、必ずや後輩や教え子達は後を慕ってそれを受け継ぎ、礼節や謙譲、寛容といった人間性の追求ということへの気付きが促されることになります。

間違っても、技能の優位を誇示したり、先輩風をふかして居丈高な態度を現したり、指示や命令ばかりするようなことがあってはなりません。かつて、ある旧制高等学校の若き指導者達は学生を呼ぶときに○○さんと敬意を表して接していたと聞いています。大いに学ぶべきです。

⑤独立した修行者として、文武不岐の生活態度で臨むこと

〝文武不岐〟や〝文武両道〟という教えを如何に捉えるべきでしょうか――。

学生・生徒の時期には、〝文〟とは学問すること、学業を怠らないことと捉えているようです。それも間違いではないのですが、それのみではあまりにも狭義の解釈の域を出ていないと言えます。

なぜ我々の世界（武道の世界）でこの言葉が尊重されるのでしょうか。文芸の道を志す人びとは〝文武不岐〟とは言いません。

武の道とは、闘争を好まず〝和して同ぜず〟の人格に至る道筋であり、心技体の限りを尽くして戦う形式を借りて行なうものと理解すべきです。したがって、一歩間違えれば武骨一辺倒に陥りやすいことから、それを戒める意味を込めて、文の道をも嗜《たしな》むことが必要とされ、〝文武

不岐〟と教えられたものと理解すべきでしょう。

〝文〟とは、人の世の真なるもの、善なるもの、美なるものへの造詣《ぞうけい》を深めることです。すなわち、物事の真理を探求し、人倫《じんりん》を外れず、自然や芸術の美しさに心を動かすことのできる豊かさを追求することなのです。

学業に専念することも、高い点数を取って入学試験競争に勝つことだけに心を奪われてしまっては、何の意味も持ちません。また剣道においても試合に勝ったり昇段審査に合格することのみに心をとられてしまっては、行ずる価値はありません。

科学や文明の甚《はなは》だしい発達や複雑な社会機構の進展に伴って、物質万能の価値観が横行する現代にあって、ますます〝文武不岐〟の修錬の意義や真価が高まっています。

社会人として就業に専念すると同時に、若い頃から〝文武不岐〟の修錬に取り組むことは、生涯学習社会の時代にあって、優れた日本文化の継承者として豊かな人生の礎を築くことになることは疑う余地がありません。

【昇段審査への取り組み】
昇段審査の合否の鍵は、立合の内容にあるのではなく、日頃の修錬の取り組み方にある。〝気で勝って、理で打つ〟稽古の積み重ねが大事。新段位を許されるということは、その段位に相応しい剣道を身に付ける修錬の出発点と心得るべし。

剣道修錬の証しは、自己内省して悟ることが本来のあり方です。しかし現実には昇段審査において、先達の精通した眼力を通して現有段位の修錬が充ち足りているか否かの判断をあおぐことがその目安となります。

試合に出場して技を競い、有効打突を取得して勝ちを求める際には、何が何でも勝負に徹することは避けて通れません。しかしながら、昇段審査では〝何としても合格したい！〟と思う心が、むしろ伸び伸びした立合を邪魔することになります。〝よく見せたい〟〝面を打たねばならない〟という焦りは、必ずや審査員に見破られるものです。

着装・礼法・作法は、あくまでも端正かつ落ち着き払って、一分《いちぶ》の隙もなく堂々としていなければなりません。そして、同年輩のほぼ同じ程度の修錬を積んだお相手の全身をのみ込むほどの泰然《たいぜん》とした気構えがまず大切です。

特に、二十歳代でトップレベルの六段、三十歳代前半で七段に挑戦する際には、平素から試合と審査と稽古とが一束になった修錬の積み重ねが大切です。日頃の稽古で、不合理な技による攻防に終始し、ただ当てることに専念しているようでは、本審査で審査員を感心させる立合はおぼつかないと覚悟しておかねばなりません。

すなわち〝平常心是道〟の自覚と実践が肝要なのです。

修錬の方向を間違えて、試合は試合用の、審査は審査用の、と区別した剣道を使おうなどとは決して考えないことです。合格か否かの鍵は、本審査の立合の内容にあるのではなく、日頃の修錬の取り組み方にあるのです。〝気で勝って、理で打つ〟稽古の積み重ねがなければ、高段者への道は遠い先のことと覚悟しておいてください。

六段・七段の実技審査においては、効果的な〝先〟の効いた攻め崩しから、適正な体捌きと、正確な竹刀操作によって冴えのある有効打突を決めることが重要な課題となります。しかしながら、よく見かける失敗例は、開始直後には見られた気勢の充実が持続できないケースです。

すなわち開始後まもなく見事な技が決まった後、またはお相手に決められた後の問題です。見事な技を決めた後に、焦って気勢が乱れ、不用意な中途半端な技を打って出たり、打たれた後に焦って無理・無駄な打ちを出して自滅するケースです。

打とうが打たれようが、時間いっぱいをかけて、お相手を威圧し、打つべき時に打つべき技を出すことに徹して立ち合うよう心掛けなければなりません。同格のお相手に対して、少しでも高い位取りで使いこなして、歩合いの優位が表現されるか否かが合否の鍵となります。

一方、二十歳代になってから剣道修錬に取り組んだ方は、一級からのスタートになりますが、特に留意しなければならない点について触れておきます。

その一つは、手と足の協応動作を早く身に付けることです。全身運動として、気剣体一致の攻撃的な剣道を身に付けるためには、伸び伸びとした打ち込み稽古が何より大切です。

次に、腕や肩の〝力み〟を取り去ることです。それには素振り・切り返し・打ち込みの中心課題を、下腹に張りを留める丹田呼吸を促す大きな掛け声を伴って実行することです。咽喉元で発声したり、小手先で打ち合う癖をつけないことです。

初段・二段までは、基本的な仕かけ技が伸び伸びと発揮できることが大切です。三段ともなると、相手の動きに応じて二段技や応じる技が適切に発揮できることが鍵になります。そして四段・五段ともなれば、下位の者を相手に、攻め崩して打つ仕かけ技と、仕かけて引き出しておいて応じて打つ技とが稽古を通して充分に身に付いていなければなりません。

剣道形は今後、一層重視されることになりますので、竹刀剣道と併行して修錬することが大切です。二十歳代になって初段から挑戦する場合には、中学生や高校生と異なり、刀の操作や体の捌きのみではなく、落ち着いてじっくりと演武する気の練り上げも大いに学んでいただきたいものです。

竹刀袋に常時木刀を入れて持ち歩き、わずかな時間を利用して先生に打太刀をお願いして、しっかりとした仕太刀の気位や技の理合を学んでください。

いずれにしても、新段位を許されるということは、前段位の修錬の完成を認められたのであって、新段位に相応しい剣道を身に付ける修錬の出発点と心得ておかねばなりません。昇段の喜びに有頂天になって、自己の実力を過信しているようでは、必ずや次の昇段審査に臨んで、大慌てすることになります。

【第九章】——三十歳代篇

稽古をば疑ふ程に工夫せよ
　解きたるあとが悟りなりけり

孔子は『論語』為政篇で「吾十有五にして学に志し、三十にして立ち、四十にして惑わず……」と記しています。時代の背景は随分と違いますが示唆に富んだ教えです。三十歳代は独立して自ら信ずる人生の指標に向かって突き進む充実期でありたいものです。社会的にも各々の職域職場で責任ある職務に就き、集団の中堅どころとしての働きが期待されることになります。

また伴侶を得て家庭を築き、子どもを授かってその養育にも大きな責任を果たさねばならない、人生の重要な時期にあたります。

一方、〝やる気はあるけど身体がついてこん！〟という流行語もあったように、二十歳代の元気盛りとは違って、体力面の低下に気付く人も少なくありません。健康や体力の維持に充分留意して、計画的に身体活動を生活内容として過ごす人と、そうでない人との差が著しく現れるのもこの年代からのことです。

すなわち二十歳代の体力を維持していくためには計画的に規則正しく運動（各種のスポーツ

活動やジョギングなど）に親しみ、気分転換や体力バランスの調整に心掛けなければなりません。昔とった杵柄《きねづか》で安易に急激な運動を行なって、筋肉や腱《けん》の断裂、あるいは関節部の障害を引き起こすという例は少なくありません。

くれぐれも用心して、体調を整えながら足腰の運動を中心に、徐々に運動の質・量の高度化を図らなければなりません。

【稽古の再開】

社会人としての生活は仕事中心を余儀なくされ、稽古から遠ざかる例は少なくない。しかし、何らかのきっかけで剣道と再会すると、稽古時の緊張感、稽古後の爽快感・充実感を思い出し、一層剣道にのめり込んでいく特性がある。

親しかった人と久しぶりに再会できた喜びは、無上の感があり、時の経つのも忘れて、かつての日々を懐かしく語り合うものです。そして、なぜか新たな活力が湧き出すような感情に包まれたりするものです。

生徒・学生時代に剣道部に所属し、師のもとで剣友達との切磋琢磨の日々を経て、社会人となり、いよいよ独立した修行者として稽古に取り組むことになります。しかしながら、社会人としての生活は仕事中心を余儀なくされることは止むを得ません。

殊に学生時代の運動部経験者には、その卓越した気力・体力の優秀さゆえに人一倍モーレツ仕事人ぶりが期待されるようです。就職を機に稽古から遠ざかる例は少なくなく、殊に女性の場合は結婚と出産・育児という母性としての一大事業のために中断せざるを得ないことになります。

ところが、剣道の特性と申しますか、魔力と申しますか、何らかのきっかけを得ますと、再び剣道（稽古）のトリコになりやすいものなのです。稽古時の緊張感や稽古後の充実感・爽快感を思い出して、学生時代より一層剣道が好きになっていくようです。

稽古を再開するに至る要因は、人それぞれでしょうが、次に、ある剣士の例を挙げてみましょう。

M氏（五十六歳）は、戦後剣道の復活の年、昭和二十八年中学校入学と同時に剣道部に入部しました。当時の校舎にはもちろん武道場はなく、毎日教室の机・椅子を廊下に運び出して稽古したそうです。打ち込み稽古の時などは床板を踏み割ったり、窓ガラスを破ることもたびたびだったようです。

ご指導を受けたのは、國士舘専門学校をご卒業になった吉武六郎範士（当時四十三歳・故人）でした。「先生の稽古はきつかったばってん、何かしらん温かいものを感じた思い出があり、中学時代の思い出は教室での稽古のことばっかりたい」とM氏は回顧しています。めきめき上達した彼は中体連大会入賞も経験し、高等学校でも一年生からレギュラーに抜擢されています。

大学時代には西日本学生剣道大会連続優勝の中心選手として活躍し、卒業時には四段を取得しました。

昭和四十一年に大学を卒業し、東京の企業に就職してからは仕事中心の生活に追われ、剣道具は実家の押入れに眠ったままとなりました。翌年福岡に転勤してからは、年に数回、母校のOB稽古会に出席したり、後輩の激励稽古で面を着ける程度でした。

「アキレス腱でも切ろうもんなら、仕事ができんけん、恐る恐る竹刀ば振りよったとバイ」とその頃を振り返っています。それでも昭和四十六年（二十七歳）には、学生時代の蓄積が功を奏してか五段に合格しています。その後はほとんど稽古する機会はなかったようです。

そして二十年もの月日が流れましたが、平成二年（四十八歳）に偶然にも剣道と再会するのです。単身赴任で大阪市に住むことになったある朝、ジョギングの途中で武道具店の店先に剣道教室会員募集のポスターを目にしたのがきっかけでした。

早速連絡をとって訪ねてみると、鹿児島県出身の若い

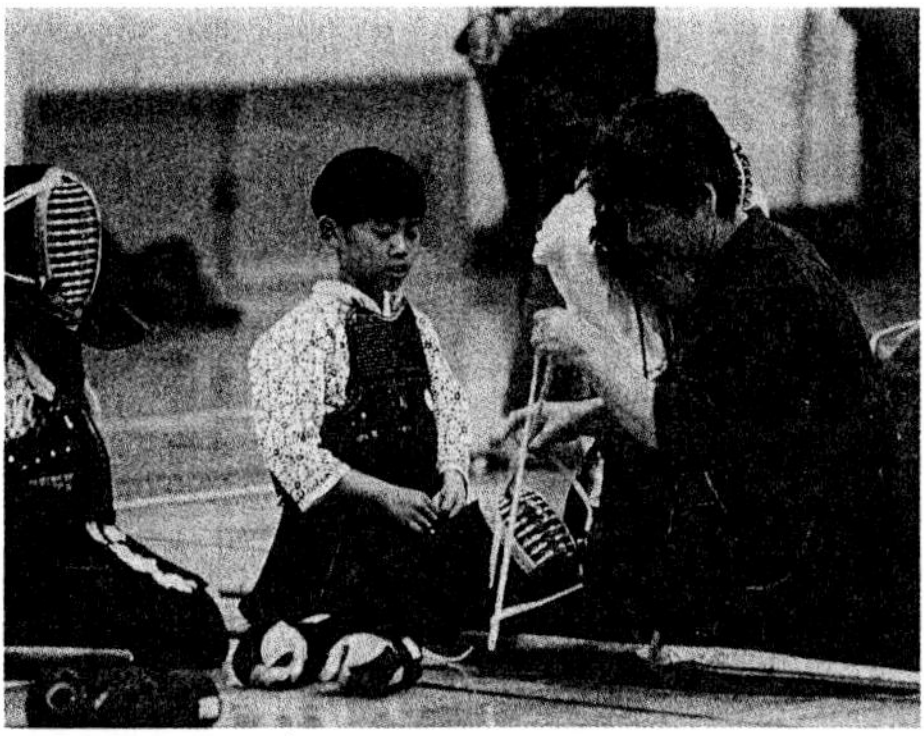

就職を機に稽古から遠ざかる例は少なくないが、再開後は文化としての剣道に目覚める剣士も多い

指導者が熱心に手ほどきしている姿に出会ったのです。M氏は留守宅の二人の娘さんに、なぎなたを習わせるほどに武道への思いを持っていて、それが火種にあったようです。

「単身赴任も四年目で生活もルーズになってしもうて、肥満や無為な休日の過ごし方に嫌気がさしとたし、ジョギングはしていたが、今一つ満足できんやった。若いながら献身的に指導する青年の姿にはバシッと打たれたバイ。九州弁でやりとりできたことも動機の一つかいな……。焼酎をくみ交わしながら意気投合してしもた」と当時を懐かしんでいます。

そして平成九年（五十三歳）に福岡に戻ると、自宅近くの少年剣道教室の指導陣の一員に加わり、一般の稽古会や母校のOB選手権大会などにも欠かさず出席するようになりました。平成十一年（五十五歳）八月には、二度目の挑戦で見事に六段審査に合格し、今では七段を目指して一層研究的な稽古に熱が入っているようです。

「昔、先生から教わったことの意味やら理合ば再確認しながらやりよるばってん、〝気の置きどころ〟がいかに大事かということが今さらながらようわかってきたバイ」と意気揚々たるものが見受けられます。

M氏の回顧の中から、稽古の再開・剣道との再会の要因をさぐってみることにします。

◉入門期に良き師に出会い、剣道の基本をしっかり身に付けたこと。

◉年齢的に〝社会貢献〟を意識しはじめたときに熱心なボランティア指導者との出会いがあったこと。
◉剣道を共通点として芽生える人間関係は、初対面から旧知の間柄のごとく親密さを創り出せたこと。
◉母校のOB会組織の活動（稽古会や親善試合など）が無条件の心の安らぎと新たな活力補給になったこと。
◉高段位への挑戦が、操作技術中心の剣道から、胆力《たんりょく》中心の剣道へと円滑に移行するきっかけになったこと。

まことにありがたや、文化としての剣道ではありませんか。

【胆力の剣道への発展】

剣道技能の習熟とは、剣道の技術構造上の特性に添って技量が高まっているかにある。力の衰えを技でカバーし、技で胆力を磨き上げる努力の過程が剣道修錬の道であり、修錬の楽しみがそこにある。剣道独自の醍醐味を知らずして剣道修錬者たり得ずという認識を持って修行に取り組みたい。

剣道の稽古は、体力に依存する剣道から、技術力に依存する剣道へ、そして胆力に依拠する剣道へと発展させなければなりません。体力・技術力・胆力はそれぞれ個別の要因ではあり得ず、統合して技量（腕前）として発揮されるものです。

したがって修錬の度合いや年齢によって、技量を構成する要因の構造が変容しなければならないということです。体力と技術力は不可分の関係にありますが、幸いなことに剣道の技術構造は、技術の高度化に伴って、筋力・敏捷性などパワー系の体力の関与は減少し、協応力や巧《こう》緻《ち》性など調整力系の体力が多く関与するようになっています。また判断力や予知能力など知覚―運動技能が技量を左右する重要な要因となっていくのです。

つまり、剣道技能の習熟とは、それら剣道の技術構造上の特性に添って技量が高まっているか否かが問われることになります。力の衰えを技でカバーし、技を胆力で磨き上げる努力の過程が剣道修錬の道であり、修錬の楽しみもそこにあると言えます。

このような特性が、剣道が生涯修行と言われ、生涯スポーツの対象として最適の運動文化であると高く評価されるゆえんです。加齢に伴って起こる人間の体力や運動能力の発達―衰退に添って、運動課題（修錬すべき内容）も変容し得るという剣道独特の醍醐味を知らずしては剣道修錬者たり得ず、というほどに認識していただきたいものです。

打ち掛かる一方の稽古から、起こりを打つ稽古へ

さまざまな形態を持つ剣道修錬者の組織の一員としての日頃の稽古では、お相手がある程度

固定化するのは避けられないことです。稽古のマンネリ化に悩む人も少なくないでしょう。そこで剣道連盟等の催す講習会に積極的に参加して、新たな課題を設定することは是非お奨めします。ただし町道場に籍を置いているような場合には、無節操に道場を渡り歩くようなことがあってはなりません。

次に、未知のお相手を求めて稽古をお願いする機会に恵まれなくとも、心の置き方次第で随分と有意義な稽古のできる方策について触れておきます。

その一つは、攻撃の部位や用いる技を一つに決めておいて、しばらくの間はいかなるお相手に出会っても、または同じお相手と立ち合っても、自分の定めた部位や技のみしか打たないのです。お相手がさまざまに仕かけてくるのに対して、あくまで自分の定めた課題に固執して徹底して自己への縛りをかけて、技の勘所を会得するまで続けてみるのです。

また、攻撃のタイミング（〝先〟の懸け方）にこだわりをもって追求することも、重要な研究課題です。つまり地稽古においてお相手との気競り合いの状態から、いつ如何なる状況に仕かければ相手が崩れる（動じる）のかを探求するのです。

〝先〟を懸け、攻め崩して仕かけ技を発することに徹した稽古中に、相手に〝先〟を懸けられて機会を逸したならば、あえて防御はせずに平然と打たれておくのです。そして必ず次の機会には〝先〟に懸かって仕留めることを期すのです。このことは、いわゆる打たされる癖を取り去り、いつでも自己の攻めを貫いて気魄のこもった攻撃的な剣風を創り上げることにつながるでしょう。

この稽古においては、強引に攻め崩して直ちに打ちかかる段階から、わずかに攻めて相手の起こりを引き出し、その機を見逃さず起こりに乗るようにして打つ段階への発展を考えて取り組むことが大切です。相打ちになることも少なくありませんが、相面打ち・相小手打ちで確実に仕留めることができるようになればしめたものです。

つまり相手方はすでに起こっており、決して防御に転じたり応じる技へは変化できないところを打つのですから、完璧の勝ちということです。

その絶妙のタイミングを会得する道のりは、決して楽なものではありません。動きの中での構えのとり方（重心の置き方）や身体各部位の筋肉の緊張や弛緩《しかん》のさせ方、あるいは気息の溜めや竹刀の運び方などなど、工夫・研究すべきところは多彩にあるのです。

これらの課題を克服するには、他者から教え与えられて身に付くものではなく、自ら焦らずに練り上げて自得しなければなりません。つまり〝百錬自得〟の励行です。格下のお相手との稽古でコツをつかみ、同格のお相手や多彩な技前の持ち主との稽古で練り上げるよう心掛ければ、日々の稽古の意義も一層深まるというものです。

また一方では、相手との気競り合いの中から、相手の攻撃を引き出すことに徹する稽古も重要な課題です。間の取り方や気の現し方を工夫して、お相手に色を見せておいて、打ち掛かってくるお相手の攻撃にはすべて応じる技を施す稽古です。防御して終わるのではなく、必ず応じる技で返すのです。

色を見せ過ぎれば相手は乗っては来ませんし、気《き》後《おく》れしているようでは応じきれず、お相手の〝先〟の技をくらうことになります。捌きされず元打ちになったり、逆をつかれて完璧な隙を打たれたりすることも多々あり得ますが、打たれることによって学び取る内容も多くあるものです。直線的に跳び込んで打つ技のみではなく、表裏の鎬を使った摺り上げ技や応じ返し技、開き足を用いた左右への体捌きなどによって、技前の幅を拡げるように心掛けましょう。

以上のように稽古を通して、攻め崩して打って出る技前と、引き出して起こりを打つ技前、さらに打ちを出させておいてそれを封じたり応じたりして仕留める技前へと発展的に工夫・研究を重ねることが大切です。

打った打たれたという結果に拘泥《こうでい》するのではなく、打ちに至る過程でお相手といかなるやりとりがあったのかを省みる態度で臨むことが大切です。自分自身の身体の用い方にも課題が見つかるでしょうし、相手との駆け引きの問題へと、探せば課題はいくらでもあり、稽古の深まりは限りなく続くものです。

そのような探求的な修錬の過程で、身の構えのみならず心の構えも磨かれて高まり、凝らず自在に働く気構えを備えることにつながることを信じて励むのです。

三十歳代では、思慮に富む探求的な修錬の積み重ねが大事と申し上げてきましたが、相手の起こりをとらえる技前に磨きをかけて、それを基盤にさらなる課題に挑戦することになります。つまり〝懸待一致〟の構えを悟り、動作の起こり以前の心の動き（気配）を察知して攻め込めるようになれば、四十歳代でさらに重厚な剣風づくりへの足掛かりとなるでしょう。

剣風の質的向上には一人稽古も有益

稽古や試合を振り返ってみると、お相手とのやりとりの経過の中で鮮明に脳裡に焼きついて離れない部分があるものです。

痛恨極まりない一本もあれば、会心の一撃もありますが、いずれも直ちに記憶を蘇らせることが可能です。痛恨の一本は最良の訓戒として心に留めて改善の目標としなければなりません。会心の一撃は常々稽古の機会に思い起こして、技の決まりの必然性や妥当性を増して、得意技にまで高めるよう心掛けたいものです。

また、稽古の機会ばかりでなくイメージの反復再生によって、気の溜め方や筋肉の使い方、重心のかけ方や攻め入るタイミングの計り方などをイメージして一人稽古するのも良い方法です。一人、鏡の前に立って空間打突してみるのも結構ですが、通勤の車内でイメージをふくらませて反復再生し、会得の助けにしたいものです。

あるいは昨今普及の著しいビデオ画像を利用することも有効な手段です。自分の求める理想的な構えや技前を持つ剣士の画像を繰り返し観察してみることによって、間の取り方や足の捌き、あるいは仕かけの機会などを見取るのです。

ただし、運動の学習は真似ることから入るとよく言われますが、真似るためには運動を見抜く眼を養っておかなければなりません。同一の画像も見る人によって着眼点が異なり、技術のコツを見取ることのできる人と、そうではない人がいるものです。

つまり、眼力に大きな差があるようです。そしてその力は、真似る—慣れる—学び取る、という運動習熟度や習熟速度の差として、現れることになります。

画像の主人公から直接聴き出して、観察の参考にして着眼力を高め、技術のコツを身に付けるのも良い方法です。そしてそれをリズムや擬態語に置き換えて、イメージの中で反復するのです。

例えば、攻め崩しのよく効いた仕かける技を例にとってみれば以下の要領です。

ジリッ、ジリッ（気競り合いで間が僅かずつ詰まっていく過程）

ググッ！（相手の虚に乗じて攻め込む局面）

ターン（軽快に剣と体が一致して踏み込んで打つ局面）
あるいは、うまく相手を引き出しておいて、応じ返して仕留めた技は以下の要領です。
ジリッ、ジリッ
ツツッ！（隙を見せるようにしながら、詰め寄る局面）
パン（相手の攻撃に竹刀で確実に応じたところ）
パーン！（体捌きとともに素早く手を返して打つ局面）
右のような擬態語を、画像を思い浮かべながら繰り返して、体内リズムをつくり上げていくのです。
一人でイメージトレーニングしたものを、実地の稽古で試し、失敗すれば不足を補う工夫をし、成功すればさまざまなお相手に通用するように練り上げるのです。イメージ通りに打てた時の喜びは一入《ひとしお》のものがあり、病みつきになることでしょう。

【剣道形の稽古考】

日本剣道形には剣道の基礎・基本となる内容とともに奥義に通ずる理合が含まれていると理解すべし。竹刀剣道の向上につなげるためにも、形から内容を吸収できるほどに形稽古の工夫を心掛けたい。

日本剣道形は、その原型が諸流派の技であったものを、中等学校における剣道の教材化の必要性から新しく組み立てられたものであることはよく知られています。したがってその中には、剣道の基礎・基本となる内容とともに奥義に通ずる理合が含まれていると理解しておかねばなりません。

現在では昇段審査の課題の一つとして課されているので、審査前に慌ててやり方に慣れる程度にしか修錬されていないのは残念なことです。形から内容を吸収するほどに稽古を積むためには、形の稽古の仕方に工夫が必要ではないでしょうか。

竹刀打突剣道では、その稽古の方法は、素振り・切り返しに始まり、打ち込み稽古・掛かり稽古・引き立て稽古・互格稽古・約束稽古・試合稽古などなど多様な方法が受け継がれています。一方、剣道形に習熟し、それを活かして竹刀打突剣道の向上に資する方法については多くは見当たりません。

まず剣道形の稽古を通して学び取るべき内容については、以下の事柄が考えられます。

◉攻防の理合を知る時間・空間の間の取り方
◉打つことが切ることに通じる刃筋や手の内など正しい刀法
◉充実した気勢につながる気息の溜め方
◉落ち着いて相手の変化に対応し得る気位のおさまり

◉技の絶妙の拍子を覚える緩急強弱の動きの節度

◉打太刀に従いつつも、〝先〟を仕かけて勝つ〝先〟の勘所

また、剣道形は打太刀が仕太刀の技量を引き出して高めるように組み立てられていることをよく吟味しなければなりません。

したがって現行の段位制度に拠るならば、年齢や修錬の度合いなども加味すると、三段までは、もっぱら仕太刀の形を稽古すべきと言えます。四段を取得するあたりから打太刀のあり方も併せて修錬すべきでしょう。

初段を取得しようとする人は四段以上の人が、二段を取得しようとする人は五段以上の人が、三段を取得しようとする人は六段以上の人が、四段を取得しようとする人は七段以上の人が、打太刀に立ってもらってはいかがでしょうか。

先に示した形稽古を通して剣道の内容を理解させるには、打太刀の技量が問われるのです。一級から三段までの人が互いに打太刀・仕太刀を務めて練習しても、お互いに形通りの動作を覚える域を出ないと考えられます。先生や先輩という立場の人が、弟子や後輩の一人ひとりを相手に、形に含まれる術理や方法を伝える方策を取るべきなのです。

また、具体的な稽古の方法については、次のような工夫をして、手数を多くかけて習熟するよう心掛けたいものです。

すなわち遠い立ち間合から三歩進んでいくところを略して一歩前進すれば一足一刀の間に入るほどの位置で対峙し、まず仕太刀側が気を熟して一歩攻め入ります。打太刀側はその場で仕太刀の攻めを受け入れて、機をみて打ち込んだり構えを変化して、仕太刀の適切な対応動作を引き出し、その成否を直ちに指摘して何度も繰り返すのです。つまり仕太刀が攻めて勝つ道理を具体的な動きで理解させることをねらった方法です。

したがって仕太刀の強い気勢を引き出したり、適切な対応動作を引き出すためには、打太刀に相当の技量と眼力が備わっていなければなりません。

よく見受ける打太刀の欠点に着目して、改善すべき点を示しておきます。

一本目……柄《つか》にも届かぬような小さな面打ち。
二本目……小手を外した左斜め方向への小手打ち。
三本目……水月に届かない手先だけの突き出し。
四本目……相打ちの後の気の抜けた安易な中段への変化。
五本目……仕太刀の木刀めがけて斜めに打ち下ろす面打ち。
六本目……仕太刀の木刀めがけて、斜めに手先で打ち出す小手打ち。
七本目……気当たりの後の安易な中段への変化。

小太刀一本目……入り身にならんとするところをとらえきれず、遅れて力みすぎる面打ち。

小太刀二本目……脇構えに変化した際、重心が後ろ足に移ってしまい、二拍子の面打ちになり、仕太刀の動きに一瞬、滞りが起きる。

小太刀三本目……摺り落とされた後、左足の踏み込み幅が大きすぎて間合が詰まりすぎる胴打ち。

一本目、二本目、三本目では、いずれも仕太刀側の気の熟したところを打って出る機の見つけ方と、打太刀に対応する足捌き、太刀捌きを覚えさせる間合の取り方がポイントです。四本目と七本目は、仕太刀の気勢を充実させるように、安定した態勢で下腹に気息を溜めつつ、気を発しながら徐々に中段に変化しなければなりません。五本目と六本目は、鎬を使って正しく摺り上げる感触を伝えるためには、それぞれまっすぐに打ち込む太刀筋でなければなりません。また小太刀の形においては小太刀の特性を引き出すよう、タイミングと間合に留意しなければなりません。

【第十章】

四十歳代篇

世の中の人のかたきは外になし
おもふ我身はわがかたきなり

ある日突然、シャツの袖を通そうと腕を上げた時、肩に激痛を覚える、いわゆる〝四十肩〟を体験する人がそろそろ現れはじめる年代です。また瞬発力だけではなく、持久力の衰えを自覚するようにもなり、体力の維持と同時に膝・腰など体重を支える部分や、肩・肘など動きの多い部分の関節の故障にも充分な配慮が必要になってくるのも、この年代からです。

関節周辺の諸々の筋力補強や、固癖化した運動から身体を解放する多様な体操の励行、あるいは入念な準備運動・整理運動の励行などを心掛けなければなりません。

「剣道はいつ如何なる時にでも直ちに万全の動きで適確に対応する技術を発揮しなければならない運動であるから、準備運動などは不必要」などと気取っていたのでは、重大な故障を招き、取り返しのつかぬことになりかねません。

日頃の生活の中に積極的に体力づくり運動を取り入れ、数少ない稽古の機会に全力が発揮できるよう体調を整える心掛けが大切です。例えば通勤途中を利用して少し早足大股で歩いたり、できるだけ階段を利用するなどして、足腰の筋肉の衰えを予防するとか、入浴後の柔軟体操を欠かさないなどは、心掛け次第で誰にでもできることです。

それら体力づくり運動を実施する際に、正しい姿勢の維持と意図的な腹式呼吸を伴って実行することは、剣道の稽古を補うことにつながります。忙しい合間の僅かな時間を利用して、椅《き》座《ざ》でもよいから背筋を伸ばし、腰を入れて正しく座り、閉眼して手を組み長呼気丹田呼吸を繰り返す習慣をつければ、頭はすっきりし、脳の活性化を促すことにもなります。

長年の剣道修錬で得たことを日常生活に実践的に活かすこともまた、大いに大切なことではないでしょうか。職場や周囲の人びとに、剣道修錬の何たるかを理解せしめることになり、剣道の普及発展に効なしとは言えません。

【攻めの研究】

何歳になっても丁々発止と打ち合って満足するのではなく、四十歳代になってからは理合の深さに気付いて、自己の剣風を省みることが大切。身体に無理をさせないためにも〝打って反省、打たれて感謝〟の態度で謙虚に稽古を積むことを心掛けたい。

〝気で勝って理で打つ〟とは修錬を積んだ人びとが求める攻撃の理想です。気で勝つとは、攻めの要諦であり、極めつけでもあります。若手の剣士が用いる多彩な足捌きによる動きや、巧みな竹刀捌きによる相手の竹刀への牽制《けんせい》的な作用も、その根源に冷静かつ裂帛《れっぱく》の気合が備わっていなければ、相手を動揺させるには至りません。

すなわち、剣道の攻めが動作や操作のみでは完結しないということであり、修錬段階に即した精神的な修錬課題があることを示唆しています。つまり、充満した攻撃の気勢に始まり、澄みきった不惑の気構えへと発展し、冴えわたる不動の気位に至るのです。

先人の書き記した本にも、この精神的修錬の課題解決に苦心したことがさまざまに表現されています。

そこで四十歳代に至った段階での〝攻め〟について、動作や操作をも加えて、その要点を考えてみましょう。

剣道の技の成否は、機先を制することが重要な鍵を握っていますが、〝先〟を懸けること、すなわち攻撃に最適な局面をつくるには、攻め崩しは不可欠の仕事です。しかしながら、〝先〟を懸けて攻めるのか、攻めて〝先〟を懸けるのかについては簡単に説明のつき難い問題があります。

つまり、〝先〟と攻めとは二極分離できるものではなく、両者が密接に結びつくことが大切です。ただし、〝先〟に懸かった攻めと、相手の攻めを利用した攻め（攻め返し）と二通りはあり得るもので、後者（攻め返し）は熟練者の深く研究すべき課題と言えます。

また、攻めは自分が相手に施した場合よりも、相手から施されたときのほうがその実感を強く認識できるものです。稽古や試合を振り返ってみると、充実した気位を整えることができない状態で、身体だけが反応して打って出たという苦い思い出にぶつかります。

そのような状況では、出頭を打たれたり、かわされて応じ技で打たれることにつながっています。つまり、〝先〟に懸かった攻めを施していなかったり、相手の攻めに抵抗しきれずに打たれてしまうという苦い体験です。

ところが、〝先〟に懸かった攻めからは直ちに打って出るべきかというと、そうでもないことのほうが多いのも工夫・研究のポイントとなります。相手もまた虚々実々の駆け引きをしていますし、懸待一致した構えのできている相手には、よほど充分に攻め崩しが効いていなければ、仕かけ技で仕留めることはできるものではありません。

機先を制して攻め勝って打って出ることが、有効な打突に結びつくわけですが、攻め方は決して一様のものではありません。その人の個性や熟練度などによってさまざまな形態として実行されるべきものです。無我夢中に打ち合っているうちに、偶然打っていたというのではなく、彼我《ひが》の位相を判断して意図した攻め崩しから必然の打ちを得るよう練り上げることが大切です。

修錬の段階別に考察してみると、軽妙な足捌きによって遠間から、いまにも打つぞ突くぞと牽制して、相手の気構え・身構えを崩しにかかる攻めは、若い体力のあふれた段階での攻め方と言えるでしょう。また、裂帛の気魄でググッと詰め寄ってくる、岩をも砕く荒波のような怒涛の攻めは、壮年期の心技の円熟した攻めと言えます。さらには、激しい気当たりは感じさせないけれども、湧き上がる雲がジワジワと峰を覆うような、対処し難い攻めは、不動心の備わった攻めの極めつけともいうべきものです。

要するに〝攻め〟には、足捌きや竹刀捌き、あるいは鋭く強い大きな発声を伴う有形の攻めから、構えそのものに備わった、相手を萎縮せしめるような無形・無声の攻めまで、探究し尽くせない深奥なものがあります。丹羽十郎左衛門忠明（佚斎樗山《いっさいちょざん》）著の『猫の妙術』や、『荘子《そうじ》』の「達生篇十九の八」にある〝木鶏〟の説話などは、技術の何たるか、攻めの何たるかを教えた示唆に富む伝書です。剣道修錬の徒《と》として、よくよく吟味して目標としたいものです。

次に、相手の攻めに対処する方策のいくつかについて触れておきましょう。

相手の攻め込みの動作がいわゆる〝気当たり〟として施してきたのか、真に攻撃を仕かけてきたものであるかを見極めることがまず大切です。

すなわち、相手が攻め込みの動作に至る直前の彼我の状態がどうであったのかを、判断の材料にし、虚に乗せられないように、実の攻めに気後れしないようにしなければなりません。

①相手が攻め込むことに焦ったり凝ったりして、攻めて打つことに心をとらわれていると察知したならば、相手が攻め込もうとする刹那に鋭く攻め入って思い切って一拍子の打ちを放つことが大切です。我が方からの事前の攻撃や気当たりに、反撃を試みようとする刹那ですから、

防御態勢をとる間もなく瞬間的に居着くこととなり、鮮やかな単一の技で仕留めることになります。

②次に互いに五分の状況から相手が先に攻め込んできた場合についてです。この場合にまず大切なことは、動揺して剣先を外さないことです。息を吸ったり止めたりすれば、剣先が思わず外れることになるので、ウーッとわずかに息を吐きながら、相手の竹刀を押さえたり、張ったりして自由に使わせないことです。そして相手が自分の攻めの効かないことを識って、次の動作に転じようとする刹那に相手の竹刀に乗るように攻め返して打って出るのです。

③さらには、相手が気当たりなのか、誘い出しなのか、真の攻めなのか疑わしい状態で攻め込んできた場合です。この状況で最も注意しなければならないのは、動揺して構えを崩したり防御態勢をとったり、慌てて打って出ないことです。余裕をもって、やや剣先を下げながら一歩後退して間合を切るのです。そして間髪《かんぱつ》を入れずに我が方から攻め込んで、相手の崩れを誘って一気に打ち込むのです。

以上はいずれも相手の攻めの気配を察知したり、攻めの動作に乗じて攻め返す方策について述べていますが、決して相手の攻めを待っていたのでは有効な攻めの機会を得ることにはなりません。相対峙した当初から、激しい闘志といつでも攻め込める安定した身構えが備わってはじめて効力を発揮するものです。

逆説的になりますが、先述の①については、焦った攻めや単純な攻め込みでは相手に見破られてしまうので、遠い間合にあるうちに攻撃の主導権をとって相手を牽制する攻めの大切さをわからねばなりません。②については、合気になったら気後れせず先にグッと攻め、相手が崩れれば打って出るし、崩れなければさらに攻め込むほどの強気の攻めに徹するほどに練り上げることを心掛けましょう。③については、崩しにかかる攻めと誘い出す攻めを、相手に悟られずに駆使できるよう練り上げることが必要となります。

何歳になっても丁々発止と打ち合って満足するのではなく、四十歳代になってからは、僅かずつでも理合の深さに気付いて、自己の剣風を省みることが大切です。稽古のあとで〝あの人のどこを打った〟とか〝何本取った〟と悦《えつ》に入っていると、やがて身体機能の衰えとともに技能も行き詰まってしまいます。

あるいは身体に無理をさせて、思わぬ故障をきたして、揚げ句に稽古しても気が晴れず、ついには剣道に興味を失うことにもなりかねません。くれぐれも用心したいものです。

〝打って反省、打たれて感謝〟の態度で謙虚に稽古を積めば、やがて堂々の剣風に近づく日が来ようというものです。

【審判に立つ】

審判員の判定は、試合者個人の剣道観形成に影響を及ぼすと同時に、我が国の剣道の方向をも左右すると自覚すべし。判定を下すということは重要な指導の実践であると同時に、自己の剣道を評価される試練の場であると覚悟して審判に臨みたい。

クラブ内の練習試合から全国規模の大会まで、剣道修錬の重要な一部である試合は、第三者としての審判員の判定によって勝敗を決められます。ところが、立合の過程で〝確かに打った〟とか〝しまった、打たれた〟という互いの技の成否は当事者が一番確かにわかっているものです。また打ち合う前に〝参りました〟と木刀を引いたという逸話も少なからず残されています。

命がけで闘った戦闘技術の中から、心法・刀法・体法の技術が体系化され、防具の考案・開発とも相俟《ま》って、競技としての修錬法も確立することになったのは江戸中期と言われています。

競技化したとは言いながら、立ち合う二人に潔い態度と術理の理解が備わっていれば、審判者は不必要であり、検証人が一人いればよかったのではないでしょうか。ところが競技文化としての成熟には、打突の有効性に関する一定の規範を定める必要性が生じ、やがて規則化して第三者に裁定をあおぐ形へと変容していったと考えられます。

したがって審判の判定は、最も確かな自己判定（潔さや術理の理解者であることが条件）に近い第三者判定でなければならないことになります。すなわち見落としや錯誤《さくご》があってはならないのです。

また正々堂々の態度を欠いていたり、不正・姑息な手段に走る者に対しては、それを見抜く力と厳正な裁定を下す態度が求められるのです。

つまり、後進である試合者は、先輩である審判員の判定によって、剣道の価値基準や理想像を形成することが大いにあることを知っておかねばなりません。

判定にあたって、予断や偏見、あるいは優柔や追随《ついずい》するなどはもっての外であり、試合者はもとより観衆の信頼をも集めるような正確な判定を背景にした威厳を備えることが求められます。そのためには相当の修錬を積まねばなりませんし、それは自己の稽古の積み重ねと深い関係があります。「最近稽古はしていないけど、審判ならできるだろう」などは論外です。

さらに単に自己の稽古のみならず対象となる試合者の技能レベルや技前の特徴をも熟知しておき、そこに内存する技能や態度の問題点をも承知しておかねばなりません。そしてその上に〝こうあるべきである〟という理想像を描いて、それに近づける指導技術（審判員としての）を備えてはじめて審判員としての資格の必要条件を満たすことになります。

最低の必要条件は満たしても、審判員として充分条件が揃ったことにはなりません。それぞれの大会において審判としての充分な技量・識見・態度を身に付けるためには、規則に精通するために講習を受けたり、多くの実践でもまれることが大切です。

人間の生理的能力の限界を越えた瞬間的な打突の成否を見極めるための勘を研ぎ澄ますとい

う真剣味をもって審判に立つ態度は欠かせません。試合者の剣士としての生命を左右しかねない責任を負うのですから、妥協や傲慢は許されません。剣道の技量と同じく、所作の良否や判定の適否は衆目の評価を受けていると自覚しておくべきです。

審判員の判定は試合者個人の剣道観形成に影響を及ぼすと同時に、我が国の剣道の方向を左右すると自覚して、いつ如何なる試合においても最善を尽くすべきです。

次に、実践における審判技術のいくつかを列記しておきます。試合の主人公たる試合者を引き立たせると同時に、活気ある試合に導くための参考にしてください。

◉試合者の心理状態を勘案して、宣告の間の取り方や声質・声量にも工夫が必要です。開始宣告は、厳《おごそ》かにして奮起を促すように機を見計らって充分な声量で。中止宣告や有効打突の宣告は間髪を入れずにきっぱりと。終了の宣告は鎮静の意を込めて、優しく丁寧に。

◉技の見極めは、試合者より先に打突行動を予知しつつも、一瞬の局面に焦らず次から次への展開をも見通す、柔軟かつ途切れのないように場面注視が必要です。そのためには試合者よりも勝る気息の溜めに心掛けること。

◉千変万化の試合者の動きに遅れないように、僅かな重心の移動も見逃すことなく、先廻りして正視できる範囲内に両試合者を入れて対応することが大切です。さらに他の二人の審判員も周辺視の範囲に入れておく位置どりに配慮すること。

◉不正・姑息な動作は試合開始直後から見逃すことなく厳格に対処する。寛大に対処することがかえって試合の内容を乱し、理に適った技の発現を抑制することになることを知ること。

◉試合者相互が隙や弱点を衝きながらも、対等な条件で闘う潔さや主体的行動を促すこと。剣道着や袴への竹刀の絡み、あるいは区画線付近での体勢の縺《もつ》れに安易な中止宣告を発すれば、試合者が自己責任において正常化するという主体的に行動する態度を削《そ》ぐことになることに注意すること。

近頃、試合者が、審判を試したり、審判に頼ったりする場面が頻発していることに鑑《かんが》み、格闘形式の運動の激しさの中にも、相手の人格を尊重して潔く闘う剣道精神を発揚する場として試合を捉えておくことが大切です。

ただ当たれば一本というのではなく、あくまでも心・技・体の一致した技と技とのぶつかり合いを創り出すよう、審判員としての工夫研鑽に期待が寄せられています。

【書物に学ぶ】

書物とは先達との出会いである。古来、諸芸は口伝によって伝承されてきたが、伝書には現代にあっても剣道修錬者の心を揺さぶる多くの教えがこめられている。道を求める心さえあれば、良書が湧き出る泉となり、数知れぬ教えを提供してくれよう。

私の書棚の隅に一冊の小さな本が定位置に鎮座しており、書棚に向かうたびに視線が止まります。近頃ではめったに開くことはありませんが、昭和三十八年四月（十九歳）に買い求めた、大道寺友山著・矢野一郎編になる『武道初心集』です。

保健体育教師を目指して入学した福岡学芸大学（現・福岡教育大学）の二年生になり、将来に向かって専門性を深めなければならないと自覚しはじめた頃でした。徳川時代の武士の生きざまを説いた四十四ヶ条の内容に没入して、武道修錬に志した自分のあり方に往時の〝もののふ〟の万分の一でも真似てやろうと見栄を張っていた想い出があります。

次に読みふけったのは、同じ頃に買い求めた田中秀雄著の『勝負の世界』―訓練と試合の心理―です。ちょうど全日本学生選手権大会に九州地区代表として出場を決めた時でした。全国の舞台に立つ日を前に、何かしら落ち着かず、過度の不安や緊張を覚えていました。何かにすがりたいという思いの

書物から学び、感化を受けて目標をつかもう

募っていた時に書店で目にとまったのがこの一冊です。「勝負の世界を心理学から見る……」という著者のソデ書きに引き込まれました。

武道の競技に必要な精神および技術を、発達段階的な見地から、逐次配列して体系づけたものでした。そこでは、修錬期・躍進期・大成期の区分がなされ、それぞれの時期にどのような精神や技術を体得すべきかについて考察がありました。また「気」についても、充溢《じゅういつ》する気・澄む気・冴ゆる気に区分けして述べられ、難解ながら貪《むさぼ》るように読みふけったものです。そして、宮本武蔵や山岡鉄舟や横綱双葉山などなどの勝負の場面が、心理学者の視点でなまなましく描写・分析されており、興味を引かれました。

さらに「精神的コンディションの調整」「気迫の問題」「試合の心理」「試合と人格」と続き、思い悩む自分と、将来はこうありたいと願う自分との道程を示唆されたものです。

昭和四十一年に大学を卒業して高等学校に奉職して二年目の夏に手にした、阿部鎮著の『歌伝・剣道の極意』も思い出に残っています。高校生部員にどのように剣道を学ばせようかと苦心したり、自らの剣道に工夫を加えなければと思いはじめていた頃の一冊です。観念的・感覚的ではありましたが、先達の残した数々の歌に、言い得て妙なるものを知らされ、稽古の工夫が楽しくなった記憶があります。

そして、剣道指導や稽古の工夫に転機をもたらしたのは、昭和四十六年（二十七歳）に買い求めた、中野八十二監修、坪井三郎他の著になる『現代剣道講座』（全三巻）です。第二巻「剣道の科学」で、坪井三郎氏の研究成果になる剣道技術の運動解析的検討に初めて接しました。動作分析の図や筋電図の考察の数々は、初心者指導の方法や部員の技能改善に新たな視点を与えられました。

ちょうどその頃、野球やゴルフのスウィング理論にくわしい先輩教師（戦前は剣道の相当の腕前の持ち主）と、打つ運動の原理や指導法について、熱っぽく議論していました。運動の軸のとり方は異なるけれども軀幹《くかん》部で運動を起こし、効率よく道具（バットや竹刀）に伝導する技術的要素やその指導法について確信を抱くことになりました。

さらにもう一冊、私が自己の剣道修錬に光を与えられたのは、高野佐三郎先生の名著であり、現代剣道至極の教科書ともいうべき『剣道』との出会いがあります。六段位を授かり、七段を目指して京都大会にも参加するようになった、昭和四十八年五月（三十歳）に京都武徳殿の前で購入しました。読解は容易ではありませんでしたが、第二章の「技術の活用」や第四章「勝敗」、第五章「至理」などは、剣道技能の奥深さを思い知らされ、今日もなお工夫研究すべき点に多くの示唆を与えられております。

以上の五冊はいずれも、読書のあまり得意でない私が二十歳代の節々に出会って、貪るように読みふけって、修錬の目標を与えられた私にとっての良書です。

古来、諸芸は口伝によって伝承されてきましたが、伝書には現代にあっても尚、剣道修錬の途上にある若者の心を揺さぶるものがあり、自得の助けとなること疑いなしです。

道を求める心さえあれば、良書が湧き出る泉のように数知れぬ教えに出会わせるのではないでしょうか。

四十歳代の剣道の課題が身体でつかう剣道から心でつかう剣道への入口であるとするならば、なおさらのこと、先達の書き記した伝書に親しみたいものです。

【第十一章】——五十歳代篇

雲晴れて後の光と思ふなよ
　本より空にありあけの月

日常生活の場面で、階段や坂道登りの際、息切れがしたり脚部筋肉の即時的な疲労を実感する五十歳代。「オヤッ、こんな筈ではなかったが……」と思わず不安を覚えたりすることも少なくありません。また、呼吸器・循環器・消化器系など内臓の諸機能の異常が、定期検診で発見されて、精密検査を促されるのもこの年代に多いようです。悪性腫瘍《しゅよう》などについては、早期発見・早期治療によって大事に至らずに済むことがあるのはよく知られています。

生活習慣病といわれるように、栄養（食習慣）と運動と休養のバランスには充分留意しなければなりません。自覚症状のないのをよいことに健康を過信したり、病気について誤解して素人《しろうと》の生兵法《なまびょうほう》をきめこむなどは厳に慎むべきです。

長年の剣道修錬によって培われた身体は、同年齢の人びとと比べると外見上は明らかに強靭《きょうじん》に見えますが、内臓諸器官の機能は確実に年齢相応の老化が起こっていると自覚すべきです。努めて専門医の検診を受けて、体調を整えた上で稽古に励む心掛けが大切です。

長年の修錬の成果を、きちんと後進に伝授する責任を全うする意味においても、不摂生は慎みたいものです。

【怪我の予防】

剣道が相当な運動負荷をかける運動であることを認識し、運動と休養のバランスに留意し、年齢と体力に応じた稽古を効果的に行なうことが大切。加齢に伴う体組織の変化にも充分配慮し、身体の内部機能へのケアも心掛けたい。

剣道は外傷や運動障害の発生が比較的少ない運動種目であると言われています。ところが剣道技能の構造上の特性から是非とも注意しなければならないことがあります。すなわち、技能を構成する心的要素や技術的要素は、中高年に至ってますます冴えわたり、充実の域に入ってきます。ところが、対人的運動であるが故に瞬間的に思わず大きな負荷を身体にかけることは避けられず、高度な技を充実した気勢を伴って施す際に、優れた反射的運動機能の持ち主であることがむしろ禍《わざわい》して、自らの筋力によって思わぬ負傷をすることがあるのです。また、長年の剣道運動が与えた局所的運動負荷によって、身体の部分的な変形や歪《ゆが》みに起因する疼痛《とうつう》を伴う障害を引き起こしている例が稀にあります。

いずれも自らの体組織（筋肉や腱や骨）の老化に気付かずに無理を強いた結果と言えます。以下にいくつかの例を挙げて、その対策にも触れておきます。

◉アキレス腱断裂

瞬間的なキック時（剣道では左足）に発生することが多く、竹刀で叩かれたような痛みが走ります。思わず後ろを振り向き、誰もいないことがわかってから負傷した足で体を支えることができなくなります。直ちに固定を施して専門医の診断を受けなければなりません。部分断裂と完全断裂とがありますが、切開手術して縫合《ほうごう》することが多く、手術後の運動復帰には大きな問題はありません。しかしあくまでも専門医の指導のもとに徐々に運動の負荷を高めてゆくことが大切です。あわてて稽古を再開したり、無理な行動をして、縫合部以外の部位を再び断裂する例も稀にありますので要注意です。

中高年の場合には、腱の老化による柔軟性の低下が主な原因です。その他、寒冷時の急な運動開始やウォーミングアップ不足、または使い過ぎによる疲労などの原因も考えられます。

予防には稽古前の入念なストレッチングや日頃からの下肢筋群《かしきんぐん》の柔軟性の保持が何より大切です。

◉下腿三頭筋《かたいさんとうきん》（ふくらはぎ）の肉離れ

原因はアキレス腱断裂と同様に瞬間的なキック時（左足）に発生しますが、強い着地時（右足）に発生することもあります。軽度の場合は、圧痛のみですが、負傷部に陥没がある場合には、筋断裂を疑って、テーピングや副木をあてて固定すべきです。

軽度の場合には、RICE（ライス）法（安静・氷冷・圧迫・挙上《きょじょう》）で様子を見ることで充分ですが、再発防止には少なくとも疼痛が消えるまでは稽古は避けるべきです。

予防対策は何と言っても下腿の各筋肉や腱の柔軟性の保持であり、稽古日以外にもストレッチングや脚部の柔軟体操を欠かさないことです。自動車利用の多い人や椅座による仕事の多い人は特に積極的に入念に！

◉膝関節部の障害

一般的にスポーツ指導の実践者は膝関節の基本的な機能・解剖を理解することが非常に大切であると言われています。

これは膝関節が下肢の運動の中心であることと、膝関節が他の下肢関節（股関節・足関節）と比べて極めて不安定な構造を持つからです。膝関節の安定を支えるために、〝半月板《はんげつばん》〟と〝十字靭帯《じゅうじじんたい》〟という特殊な機構があり、正常な位置で適切に働くことと、強力な筋力による保護が重要となります。

剣道は、随分と膝に負担をかける運動です。深い屈曲は行ないませんが、剣道具など相当の重量を負って素足で強く床板を踏みつけますから、膝を酷使する運動であると認識しなければなりません。

膝関節の負傷や障害を予防するには、大腿四頭節（大腿前面の大きな筋肉）の充分な筋力維持と同時に、関節周辺部の多くの靭帯の柔軟性の保持を日頃から心掛ける必要があります。積極的な屈伸運動や歩行運動を心掛けて下肢全体の筋力アップと適度な柔軟性の維持に努めてください。

〝運動機能の衰えは、足から始まる！〟とは昔から言い伝えられてきたことをお忘れなく。

◉肘関節の負傷や障害

剣道の運動障害は、上肢は右側に、下肢では左側に発生することが多いと言われます。右肘は〝剣道肘〟と呼ばれる変形性関節症による痛みや運動障害が特徴的です。これは打撃運動時の上腕三頭筋・上腕二頭筋の収縮の繰り返しや、過度の内側への絞り込み動作が原因と言われます。加齢による筋肉や腱の硬化とも重なって疼痛がとれず、変形に至る例もありますから要注意です。稽古の度に酷使せざるを得ない部位ですから適当な重要の竹刀を正しく操作して、肘に無理をさせないよう心掛けなければなりません。また、サポーターを用いて防護することも効果的です。

以上の他、頸部《けい》(首)や肩部あるいは体幹の腰部の疼痛を訴える例も見逃せません。したがってまず、剣道が独特の、しかも相当な運動負荷をかける運動であることを認識して、以下の事柄に注意し、年齢と体力に応じた稽古を効果的に行なうよう心掛けましょう。

①稽古前の入念なストレッチングや充分なウォーミングアップの実行
②正しい姿勢の保持と、無理・無駄のない適正な攻防技能の追求
③稽古後の適切なクーリングダウンや入浴・マッサージの励行
④稽古以外の適切な補助的・補強的運動の励行
⑤スポーツドクターや整体師など専門家による診断や予防処置の実行

私自身は剣道稽古中の負傷は幸いにして皆無ですが、寒稽古中に連日学生の基本の面打ちや打ち込み・体当たりを受けていて、手足の痺《しび》れを感じたことがあります。約三年ほど前（五十三歳）のことです。早速整形外科で、頸椎《けいつい》と腰椎《ようつい》の断層写真を撮っていただきましたところ、椎間板《ついかんばん》の間隔に異常が発見されました。その後は、基本打ちの面は従来の十分の一ほどしか打たせず、竹刀でしのいでおりました。

それ以来、一週間に二度ほど腹筋強化の運動を実行するようになりました。約三十度に傾斜したベンチに上体を下方にし、膝を曲げて仰臥《ぎょうが》（あおむけ）し、上体を起こす運動を繰り返す

のです。二十七歳の頃ひどいぎっくり腰をやったことがあり、その後も時々腰痛に見舞われていますが、昨今ではありがたいことにほとんど感じなくなりました。これも腹筋の強化のおかげと思っております。

【後進を導く】

日本の伝統文化は、直伝によってはじめて正統に伝承されるという大きな特徴があり、元立ちは一層重要な役割を果たさねばならない。長年の豊富な修錬の成果は、後進に還元してこそ活かされる。

五十歳代ともなれば、地域やクラブの剣道組織の中にあって、後進の元立ちを務める立場になります。剣道をはじめ日本の伝統文化は、直伝《じきでん》によってはじめて正統に伝承されるという大きな特徴があります。剣道でいう直伝とは、すなわち先輩と後輩が相対峙して稽古を通して行なわれるものであり、多くの外来スポーツのコーチングとは趣《おもむ》きを異にするものです。

基本的な技能（素振りや足捌き・基本打ちなど）でさえも、間合や機会・拍子や打突の適正さなど、対人的要素を加味した質の高い練習成果を得させようとすれば、元立ちは一層重要な役割を果たさねばなりません。

優れた元立ちと対峙して得た確かな基本は一生涯の宝物とさえ言い得るものです。学校の剣道部など、集団を対象に指導する場合が多いのは止むを得ないことでしょうが、可能なかぎり直伝を大事にしたいものです。基本に続いて多彩な技前を身に付けさせようとすれば、先輩たる指導者はその胸を貸して〝合気〟に徹し、〝自他同根〟を基本姿勢として、後輩達の心技体の修錬を支援するべきです。そしてまた、技の理合を説き伝えようと欲すれば、指導者自身が相当の理論的裏付けをもって臨まなければなりません。

したがって自らの稽古を〝事理一致〟の観点で振り返ることにもなり、大いに有効な修錬が展開されることにもなります。後輩達を導きつつ、自らを省みる態度こそ大切です。

以下、指導（元立ち）のあり様について触れておきましょう。

①幼少の初心者を導く（自発性を育む）

幼少年を導くには、何と言っても剣道を好きにさせることが第一のねらいですから、いたずらに鍛錬的であったり、窮屈《きゅうくつ》に型にはめこまないことが大切です。

幼少の子ども達が折目正しい態度や、元気の良い行動が自発的に発揮される原動力を身に付けるのは、強引な指示命令による訓練よりも、子ども達の興味や関心であることを忘れてはなりません。威厳のある態度は少し抑えておいて、人間的魅力で導き、技能の習熟を待つ忍耐が大切です。

②初心の青年を導く（範を垂れる）

中学生・高校生は、自らの意志で剣道に入門する例が多いものです。しかも彼らの年代は、強いもの美しいものへの憧れを強く抱くと同時に、自我の台頭に伴って好き嫌いをあからさまに表現してきます。

したがって適切な示範を示して見せたり、相対峙して無理なく理合どおりの技で打ってやることも大切になります。言うこと（要求すること）と指導者のやることとがくい違っていれば、失望して剣道そのものからも遠ざかることになりかねません。指導者の優れた人間性に触れれば、自分の親よりも厚い信頼を寄せることとなり、かなり激しく厳しい稽古にもついてくることになります。

技能的なものの吸収や体力的な向上は、一生涯のうちで最も著しい時期であり、柔軟かつ敏捷な身体的条件のもとに、ほとんどの青年はこの時期に生涯剣道の基盤を築くことになります。したがって、いたずらに小手先の当てっこ競技に走ることなく、基本に忠実な大柄な技前を身に付けさせるよう心掛けたいものです。〝基本の習得には厳しく、試合の結果には寛容に〟という指導者としての態度が望まれます。

青年も後期になると、剣道に関する理論的学習や心理的課題（気構え・気競り合い・心の駆け引き）にも興味を持つことになります。そこで先輩としての指導者は後輩のニーズに応えるに足る講話の材料などの用意も必要となってきます。

青年期の子どもは、大人への背伸びも見えますが、児童期への対応と異なり、彼らの人格を確かに尊重すると同時に、社会の秩序維持に貢献できる人間としてのあり方に発展する社会的態度の形成にも配慮しなければなりません。

剣道集団においてのみ通用する論理や規範ではなく、剣道の持つ人徳の涵養に資する分野についての指導こそ大切なのです。つまり自己主張と自己責任の認識を高めることを、稽古場の雰囲気や人間性の触れ合いとしての稽古を通して自得させるのです。

あくまでも稽古や稽古周辺の人格の接触を通してであって、無体な威力で迫ることは剣道指導では決してあってはならないのです。

③壮年期の初心者を導く（共に歩む）

壮年期以降では、剣道そのものへの興味や健康法として、あるいは子どもの入門をきっかけになど、さまざまな動機で入門することになるようです。いずれにしても、剣道はかなり高度な調整能力を必要とする複雑な運動ですから、青年後期や壮年期に剣道を始める人びとにとっては、基本の習得には多くの時間を要すると考えたほうがよいでしょう。

まずは、手と足の円滑な協応動作を身に付けることが大きな課題となりますが、身体のどこかに力が入ってしまって、ぎこちなく手と足がバラバラになることがよくあります。遠まわりのようであっても、足の運びと素手の振り（打ち）動作の一致に充分時間をかけることです。

右手右足前で、しかも送り足—踏み込み足と、腕の上下振りとが協応するという剣道独特の運動回路を作ってやることから始めましょう。

竹刀を持たせたら、まず基本の打ちを〝大きな動作でゆっくり〟から始め、次に〝小さな動作で素早く〟に発展します。そして、〝大きな動作で素早く確かに〟へと発展させ、個人的運動で充分身に付けた後に、対人的要素を加えていくのが効果的です。身体のどこかに力みが出てきたり、上体の前傾が出てきたならば、もう一度スタートに戻ってみることです。運動技能の習得は、一直線に階段を登るようにはいかないものです。螺旋《らせん》を描くように繰り返し繰り返ししながら、徐々に全身の動作が円滑になり、運動の経済性が高まってくるのです。

次に、社会人としてのお互いの立場については、次のような点に留意しておきましょう。

指導する側とそれを受ける側とは、剣道修錬という限定された範囲のことであって、稽古が終われば、社会人同士の対等な立場を尊重し合うことが大切です。経験者（高段者）が、まだ修行半ばの身でありながら、社会的立場や長幼の序をわきまえないような態度であったならば、剣道の何たるかを伝えるには程遠いあり方と言わざるを得ません。

技の稽古や地稽古を交える段階になってからは特に、「私を打って覚えなさい！　さあどうぞ、さあどうぞ」という態度で臨めば、人徳の具現となり、後輩を惹きつけることになります。すなわち、後進の人びとがさらに剣道の奥深さに魅せられることになるでしょう。当然のことながら自らもさらに先輩の胸を借りるべき身であることを自覚して上掛かりの稽古を欠かしてはなりません。

後輩に打たれることを極端に嫌って、やたらと打ちまくって満悦していては、ついには誰も稽古をお願いにこなくなりますよ。

「あの方ともう一度稽古をお願いしたい」と思わせるような元立ちとはいったいどうあるべきか、よくよく研究すべき課題です。

そして次に、一剣道修錬の人としてのみならず、剣道組織（地域の剣道連盟や同好の士の組織）の運営にも関与するのがこの年代の重要な役割です。組織の運営をめぐっては、会員の友和を第一の目標に掲げ、会員の個々の特徴を活かして適材適所で役割を分担することが大切です。段位や学閥にとらわれているようでは集団の活力を失いやすく発展は望めません。あくまでも任意の友好団体であることを念頭に、社会に通用する規模を大事にしたいものです。そして、剣道精神をもって地域における社会的教育力をも併せ持ち、青少年や保護者にとって望ましい人的環境として存在する剣道組織こそ、二十一世紀の我が国の剣道組織のあるべき姿ではないでしょうか。

【外国人との交剣知愛】

言葉の障壁は小さくないが、熱心に剣道の魅力を追求しようとする海外の人びとには、身ぶり手ぶりを活用しての伝承が可能である。運動文化、精神文化としての剣道にじっくり取り組ませるように配慮したい。

今年（二〇〇〇年三月）は第十一回世界剣道選手権大会がアメリカ合衆国カリフォルニア州のサンタクララで開催されました。近年では、常連の国々に加えて北欧を中心に新たに加入参加する国も増しているようです。その背景には、国際剣道連盟（ＦＩＫ）の普及活動はもとより、全日本剣道連盟国際室による普及支援の活動などが成果を結んでいるようです。

また、中古防具の提供に協力しておられる全国の剣道愛好家の善意も未普及国の発展に大きな力となっています。さらに、企業の海外進出に伴う駐在員や在外公官の協力あるいは、青年海外協力隊員の活躍も見逃せません。そして数多くの高段者の方々が個人的に海外の剣士達と交流を持たれ、講習会を開催したり、剣道クラブを巡回指導しておられることも、海外普及に大いに貢献しています。

言葉の障壁の問題は小さくありませんが、熱心に剣道の魅力を追求しようとする海外の人びとには、身ぶり手ぶりも活用して伝承が可能なようです。

以下、海外の人びとに剣道を手ほどきする際の留意事項について触れておきます。

①基本的には、剣道の基礎・基本を大事に指導することは、国内での指導と何ら異なる点はありません。しかしながら生活様式の違いは剣道特有の動作や操作の習得において、かなりの困難を余儀なくしているようです。

その主なところは歩行の仕方の違いに起因しているようで、腰を入れて足を押し出すように前進する日本人の歩き方は、剣道の送り足の習得が容易ですが、西洋の人びとの場合はどうしても腰が引けてしまいがちです。

次に上半身、特に腕力に依存する運動様式が多い西洋の人びとは、両手の親指側に力が入りやすく、打突の冴えに結びつく小指・薬指を程よく締める竹刀操作の習得に苦労があるようです。多人数を一斉に指導するのではなく、一人ひとり指を握ってやりながら丁寧に指導することが大切です。

②丹田に充実感を覚える長呼気丹田呼吸の習慣も、意図的に発声練習を繰り返して覚えさ

国内外を問わず、人格と人格の触れ合いを大事に、稽古を通しての親交を深めたい

せるべき重要な課題です。「旺盛な攻撃の姿勢を示しなさい」と言うと、ボクシングのファイティングポーズを連想してしまって、肩に力が入る若者が少なくありません。手を変え品を変えて、下腹部の充実と足腰の安定に導くことが大切です。

③〝気剣体の一致〟についても、外見上、打撃と右足の踏み込みの一致にのみ注意が向けられ、どうしても素早い打撃が身に付かない例が多くあります。剣道雑誌に載っている試合場面の写真を見て、「竹刀は面を打っているけれども、右足が空中にあり、まだ着床していないので、キケンタイがないから、一本ではない！」と言い張る海外の有段者に説明するのには一苦労します。

④〝残心〟についても誤解があるようで、打撃後、相手の向こう側に走り抜けることと思っている人が少なくありません。小手を打った後にも手を振り上げて走り抜けようとします。

面打ちを多く練習させることは結構ですが、打撃後の余勢をどうまとめるかは、相手の位置や動きとの関係によって選択すべきことを理解させなければなりません。そして、〝残心〟は主に気勢の問題であることも理解させたいものです。

⑤〝体当たり〟についても同様に誤解があるようで、とてつもなく強い衝撃を与えるものと思っているようです。自分自身も痛い思いをしているようで、次の攻撃につながっていません。体押しと勘違いさせますと、剣道の様相が違った方向に行ってしまいかねませんので、引き技

との関係で取り扱って、必要にして充分な当たりと多彩な引き技への発展を身に付けさせなければなりません。

最後に海外の剣道組織への関与の問題を取り上げておきましょう。

それぞれの国には連盟の組織化についての歴史的な経緯もあり、また国民性の違いもあるので、一時的に剣道指導に携わる立場の者が、連盟内部の問題に深く関与することは避けるべきでしょう。あくまでも、運動文化、精神文化としての剣道にじっくり取り組ませるように配慮すべきであり、特定の人物の後《うし》ろ楯《だて》的な役割を演ずるべきではありません。

ここでも、剣道人はあくまでも人格と人格の触れ合いを大事に、稽古を通しての親交を深め、ひいては親日家を増すことを願うべきでしょう。

【第十二章】

剣道——心の芽生え

古は術に留《とど》めし此の道を

拡げて説けや人道として

【文武不岐、心身一如の修錬】

人格の形成は剣道修錬のみに依拠するものではない。〝文武不岐〟の教訓は、血気盛んな青年の段階で、すでにその芽を植え付けるべきである。〝真・善・美〟を求める心と剣道の術理の追求とが調和することを心掛けたい。

伝統文化の継承に携わる人びとの世界では〝四十、五十はハナタレ小僧！　本物に近づきはじめるのは還暦を越えたあたりから〟とよく言われます。何とも厳しい世界であると同時に何とも貴重な教訓ではありませんか。物質万能・合理主義が主流をなす現代世相にあって、身と心を一元的に捉える人間観に立脚して、人間の持つ無限の可能性を示唆する教えです。

伝統的運動文化である剣道においては、身を削り心を砕く、厳しく激しい鍛錬を礎として、はじめて辿り着くことのできる境地のあることを示唆した教えと捉えることができます。高齢に至ってなお矍鑠《かくしゃく》として、しかも謙虚な態度に徹して自ら省みて止まぬ、求道者の姿勢が備わってはじめて剣道人としての輝きを現すものとの教えなのです。剣道の風格はその人の人格を投影すると言われます。また〝弟子に師の影が見える〟とも言われ、指導者の人格が知らぬ間に教え子を感化することもよく知られています。しかも似て欲しくない面ほどよく似てくるのですから恐ろしいものです。

そもそも人格の形成は、剣道修錬のみに依拠するものではなく、当然のことながら剣道以外の教養と相俟ってはじめて文武兼備の人物となるのです。武骨一辺倒に陥ることなく、〝文武不岐〟の態度を貫かねばなりません。しかもそれは技量円熟の域に達してからのことではなく、血気盛んな青年の段階で、すでにその芽が植え付けられていなければなりません。

〝真・善・美〟を求める心すなわち、真理の探求（学問）、人倫の涵養（道徳）、美への憧憬（情操）が剣道の術理の追求と調和して育まれなければなりません。

〝文武不岐〟という教訓が、武道修錬者に敢えて伝えられてきたことの尊厳性を、今こそ自覚して修錬や指導に臨まなければならないでしょう。

剣道の特性の一翼である競技性の追求は、修錬の過程で欠くことのできない重要な課題であることは否定できません。しかしながら、もう一方の特性である求道性の追求が忘れられたのでは、生涯修錬の基礎を歪《いびつ》にしてしまいます。

求道性の追求とは、心技体の一致や気剣体の一致、あるいは心気力の一致といった、心の問題を抜きには考えられません。技法の追求を通して、自らの心と対面し、自らを客観視することによって、足らざるを識ることから始まります。

限りある肉体のなす行為を、無限の心の働きによって支える(補なう)ことによって、〃わざ〃として成立するという剣道の技術観は、東洋的思想に立脚した貴重な文化であります。そしてこの技術観を柱とした修錬とその成果こそが、文化的価値として認められ、高く評価されるゆえんです。

つまり、人生の準備期である青少年の教育的鍛錬的修錬において、また社会的に多彩な活動の充実期である壮年の熟達への挑戦でも、あるいはまた、高齢に至り人生の円熟期における修養的な稽古の機会にも、豊富な課題が待っているのです。

したがって、それぞれの経験や年代には、それぞれの心の課題解決を認識した稽古に取り組むことが大切になってくるのです。しかもそれは標準化した平均的な尺度を用いて測りながら取り組むのではなく、あくまでも昨日の自己を省みて今日の自己を評価し、明日の課題を決定づけるように、人それぞれの修錬の道があるのです。

身体運動で表現される技術は見取り真似ることによって学ぶことができますが、心の支えによって発せられる〃わざ〃は、容易に見取ることができません。すなわち、対峙したお相手によって我が心を揺さぶられることによって学ぶことになります。揺さぶられ、動かされる体験を重ねるうちに、相手の迫力に抵抗するような強く張った心境に目覚め、やがて相手を包み込むような大きな図太い心境を会得することになるでしょう。

そしてさらに、残された課題として、鏡のように澄み冴えわたる我が心に相手の心を写し取るほどの心境を目指しての修錬が待っていると教えられています。

以上、強く張る心（修錬期）・図太い心（充実期）・澄みわたる心（円熟期）と発展的に示しましたが、石段を登るように容易なものではありません。急峻《きゅうしゅん》な霊峰をよじ登るように命がけで、あるいは荒野を独り黙々と歩くように孤独に耐えながら己れを見つめての永年の修錬を経なければなりません。

しかも現代では剣道修錬のみに明け暮れることは許されず、それぞれの年代での社会の営みに参画し、それを支えるに足る責任を全うしてこそ成し得るものなのです。

いかなる心境を悟る場合にも剣道修錬に不可欠な心の備えは、相手に正対してそれを打ち破る裂帛の闘志が基盤になければなりません。しかも邪道に走らず真の勇気と決断によって正道を突き進むような、正しい稽古を積み重ねることを心掛けなければなりません。

小手先の技に走ることを戒め、堂々とした構えで、まず己れの心の四病（恐・懼《く》・疑・惑）を克服することが課題となります。そして激しい闘志に裏打ちされた気迫で相手の気に勝ち、しかる後に己れを捨てて基本に忠実な竹刀操作と体捌きでもって打ち込むのです。すべて心の練り上げもこのような正攻法の剣風に徹することから始まります。
小手先の技で競技の末に走り、勝敗にこだわる剣道が盛況を呈するようでは、日本剣道の将来を危惧《きぐ》せざるを得ません。
剣道で培われる潔さや正義感は、正しく強い剣道の習熟を目指した稽古の積み重ねによってしか身に付いていかないと心得るべきでしょう。

【剣道指導のあり方】

剣道修錬が技能の習得に偏向してしまえば、その真価を半減することになる。指導者は、剣道修錬を通して修得さるべきものは何なのかを考慮し、習技者の日常の行動が社会的に評価される姿になるほどに導かねばならない。

本書は、主に技能に関する修錬課題について年代を追って辿ってきましたが、剣道修錬が技能の習得に偏向してしまえば、剣道の真価を半減することになるので注意しなければなりません。剣道はその理念で示すように、人間形成を掲げた修養道であり、自己教育の絶え間ない継続と捉えるべきです。ところがややもすると、何かの目的を達成せんがための手段として道場に通うという打算的な態度に陥ることがあるので、あくまでも剣道を目的的に修錬することが大切です。
すなわち、対人的格闘的技能の追求を中心課題に据えて、剣道の持つ諸々の特性に触れ、習技者それぞれの発達課題を段階的に解決していくのです。特に青少年期の習技者には、彼らの日常の行動特性が社会的に評価される姿になるほどに導かねばなりません。そのためには習技者の発達段階に応じた望ましい環境づくりから始めなければなりません。

①道を行ずる場には恭《うやうや》しく嗜《たしな》みをもって臨むことが大事

剣道の稽古場は他の運動種目には見られない独特の捉え方をしています。

「身と心、技を鍛えて善き人と、なす道の場ぞ疎かにすな」という道歌が教えているように、物への尊厳とそれに接する自我の嗜み（心掛け）とを常日頃から対峙させることが大切です。物余り時代に育っている若者達の中には物を粗末に扱うことに慣れてしまい、揚げ句の果てには人の命をも粗末にしかねない者がいる現況に鑑み、稽古場の持つ意味は重大であると言えます。道場（体育館であっても）の隅から隅にまで、自ら気配りのできる人材を育てなければなりません。

「出稽古に初めて行った道場の便所を見ておけ！　スリッパがきちんと揃えられ、掃除が行き届いていたら気を引き締めておけよ」と高校時代の恩師に教えられたことは今も忘れ得ません。「気配りは目配りに通じるもの。心の隙をつかれるぞ」と付け加えて、我が方の態勢がいつでも相手を迎える（迎え撃つ）ことができる状態であることの大切さをも諭されました。

自らが使用する道具や道場に対して細心の気配りをもって接し、手入れを怠ることなく常に最良の状態に備える態度の育成は、こだわりであって結構ですが、利己的であってはなりません。やがてその気配りの範囲を拡大して、公共心・公徳心へと発展する芽を植え付けることが大切です。

物づくりの職人さんや、命がけで自然を相手にする農林漁業に従事する人びとが、仕事のしめくくりには必ず使った道具の手入れを怠らない習慣は、武具の手入れと共通性があり、油断のない心の構えに通じます。海外で指導した際に、ある剣道クラブの指導者にこの話をして「武道の心得のひとつです」と伝えると、よく理解してその後は分担して清掃を励行しているという体験が思い出されます。公共スポーツ施設を使用する機会が多く、掃除は担当者に依存している彼らにも修錬者としての心は伝わるものだと実感しました。

また、あるとき稽古場の後方の壁に立て掛けていた竹刀が、何かの拍子にバタンと音を立てて倒れたことがありました。すかさずそのクラブの指導者は、持ち主に厳しく注意して、場所を選んで丁寧に横たえておくべきことを指導している光景も目にしました。理屈抜きの嗜みとして身に付けさせようとする姿でした。

混雑した大会場などで通路にあたるところでもお構いなしに、竹刀や道具を並べて放置して平気な少年達には、人的環境としての大人が同行の先輩として教え諭すことを避けてはなりません。

②心の豊かさを形に現してこそ礼法、礼は人と人との潤滑油《じゅんかつゆ》

〝礼は内に深甚《しんじん》なる敬愛の念をもって、表には端正な姿勢をもって行なうべし〞と教えられており、また〝礼は厚きにすぎて失することとなし〞とも言われます。

凶礼・吉礼・拝礼・敬礼・答礼・儀礼などなど、人が踏み行なうべき外形上の秩序の儀式としての礼はさまざまに受け継がれています。そのうち剣道修錬を通して習得すべきは、敬礼すなわち慎《つつ》しみ深く敬《うやま》いの心を表現すべきものです。

したがって愛嬌《あいきょう》や親しさを表わすのみの挨拶とは本質的に異なる心の構えが必要です。稽古や試合において、いかなる他者の助けも借りず自己の最善を尽くして、至極の技を追求し合う二人が、同行の徒として敬い合う決意の現れが開始の礼でなければなりません。そして、事を終えたならば互いにその奮闘を称え、あるいは熱意を敬って称賛や感謝の意を丁寧に表現するのが終礼であるべきでしょう。

そのように稽古とは、お互いの決意に対して礼を尽くすことがまず大事であることを理解しておけば、おのずから真剣味あふれる立合となり、学び取ること多大のはずです。間違っても無体なしごきや無礼な引き上げなどはできないはずです。剣道の修錬過程からみれば、まった

く差のない間柄であるはずの、学校剣道部の上級生が下級生に礼を強要するなどはもっての外です。

すなわち、礼を尽くすことを学ぶと同時に、あるいはそれ以上に、礼を受ける我が身を顧みて、〝果たして自分は敬いを受け得る身であるのか？〟と問いかける態度も学ばなければなりません。

お互いに礼を交わす際に大切なことは、口ほどにものを言う、と言われる目の付けどころです。相手の目を見ることもなく、コメツキバッタのようにペコペコとただ頭だけ下げるのはむしろ、過ぎたるは及ばざるがごとしで、不快感すら与えるものです。

敬意を目で現し、腰を折って頭を下げ、さらに言葉を送るのでなければ、意のあるところは伝わるものでないことを知らねばなりません。そしてその態度が社会生活において活かされてこそ、剣道人の礼儀正しさが好感を持って評価されることになるのです。

③拍手は畏敬の表現、それとも称賛のしぐさ？

拍手もまた敬意の表現の一つですが、これもまた少々考え直さなければならないようです。

その一つは、青少年の試合中に見かける間違いです。片方が何らかの反則行為をして反則の宣告を受けている際に、反対側の応援者などが拍手を送る仕業です。自軍選手には何ら称賛すべきことはなく、ましてや相手選手は少なからず心の動揺をきたして不利に陥っている状況です。決して拍手は送るべき場面ではないと思うのです。手負いの者に追い撃ちをかけるような仕業はもっての外です。高体連では数年前よりこのことを厳しく指導し、インターハイなどでは、ほとんど見受けられなくなりました。この良い流れが全般に波及してほしいものです。

また、高段者の立合を見学する際にも問題があります。すなわち、技が決まるたびに拍手を送ることは厳に慎まねばなりません。拍手はもともと敬いの表現であって、称賛の表現としての拍手は、目上の者が目下の者に送ったものとされています。したがって、高段者の立合が終わり、両先生が終礼を交わして引き下がる際に、満腹の敬いの心が、思わず拍手として表現されたものであれば許されると思うのですが、いかがなものでしょうか。絶妙の技は両者があってこそはじめて起こり得たものなのですから……。

歌舞伎役者で人間国宝の尾上梅幸氏は、その修行の過程で「途中でお客さまの手を叩かすな。幕が下りて初めて〝ああ、よかった〟と、ハーッとため息が出るような芸を心掛けよ」（『拍手は幕が下りてから』より）との父上の厳しい薫陶を念頭に置いていたと言います。しかもそれは人生のあり様にも通じることを悟り、そのような人生でありたいと精進を怠らなかったのです。

またオーケストラ指揮者の岩城宏之氏が「演奏直後に〝ブラボー！〟と大声でやるのは日本

公演で多く、本場のヨーロッパでは演奏者・指揮者・聴衆は曲が終わってややしばらくは動きも音もなく、やがてざわめきが起こり、そして堰《せき》を切ったように拍手とともに〝ブラボー〟と声がかかり、さらに〝アンコール〟へと広がっていく」と車中から流れるラジオで語っていました。

剣道は他人に見せるものではありませんが、見学させていただく立場の者のあるべき姿勢態度は、よくよく考え直さなければならないと思えてなりません。

特に幼少年の剣道大会に保護者の熱心な応援はつきものであり、微笑ましいものですが、我田引水の態度が度を過ぎないようにしたいものです。子ども達といえども真剣勝負に臨んでいるのですから、ギャンブルスポーツを観て楽しむような態度は、是非とも慎みたいものです。ましてや高段者の立合を拝見する際には、至極の芸術を鑑賞するような厳粛な態度で臨むべきです。

【文化の伝承】

文化はその伝承に中断が生じると、その復興は容易なことではない。今こそ先達の教えを再び吟味し、本物を伝えるための研究と実践に真剣に取り組むことが急務である。

剣道は戦国時代末期から江戸時代初期にかけて、流派の発生をみることができます。初期の流派の伝書には、各流祖独特の難解な表現による技の極意が記されています。

その後、禅宗や儒教との結びつきを深め、人格の陶冶《とうや》や道徳の涵養をも剣術修行のねらいとして重く位置づけるようになりました。これは領民を統治する武士の表芸として、剣術が重んじられたことを背景にしているものと考えられます。

泰平の世が長く続いて、剣術道場が退廃した例や、武士の規範の乱れを物語る史実も残されていますが、営々として道の修錬を説き鍛えた数多くの優れた名人も列伝に並べられています。是非ともそれら名人の修行の足跡や指導の様《さま》に触れておきたいものです。

そして近代日本の黎明《れいめい》期に活躍した志士達の多くが、剣術修行から得た魂のエネルギーで難局を打開した史実を知ることも大切なことです。剣道の心を学び、剣道で心を培った若き志士達の生きざまに学ぶべきところは少なくありません。

難局の様相は大きく異なりますが、二十一世紀を目前にした我が国の昨今の世相を打開するには、青少年に期待するところ大なるものがあります。魂のエネルギーがしっかり充満して、広い視座で物事を観る目を養い、強く正しく優しい青少年づくりは、剣道界の先輩として是非とも果たさねばならない務めではないでしょうか。

剣道至極の処

構無く作為なし
心自然なれば即ち進退自由
門堅固なれば入るに難く出ずるに難し
出でず入らざれば己が技ほどこす能はず
故に構の門一切あるべからず
彼我入るに自然出ずるに自然
剣道の妙此の間に在り
題して
心外無門

右の一文は、故松井松次郎範士が晩年に唱えたものです。先生は若き頃、津田一伝流を学び、後に武術教員養成所を経て、各所で剣道師範を務めた方です。旧制筑紫中学校の師範でもありましたが、終戦後は、剣道の復活を機に筑紫中から学制改革で筑紫丘高校となった剣道部師範として、献身的に高校生の指導にあたられました。

私が入学した頃はすでに八十歳を過ぎていましたが、約二キロの道のりを杖を使いながらも確かな足どりで、連日道場にお見えになりました。

十七、八歳の私達にしてみれば、曾祖父にあたるご年齢でしたので、いつもニコニコと笑顔で接していただきました。ところが先生から剣道の技術や稽古の仕方や理合などについて説明を受けたり、言葉で注意された覚えはほとんどありません。ただ黙々と元立ちを務めて、私達が掛かっていくのを受けておられました。

　杖をついてコツコツと歩いてこられた先生が、道衣道具を着けて道場に立たれると、どこを打ってよいか見当たらず、精一杯気合を込めて打って出ても、ヒョイとかわされたり、右小手にピシッと先生の竹刀が着いていたことは今も忘れはしません。

　蹲踞から立ち上がると「はい、稽古」と言われるから、地稽古のつもりで対峙すると、いつの間にか先生の竹刀がスルスルと入ってきており、慌てて打って出たものです。そしていつしか、打ち込み稽古になっていて、ヘトヘトになって大きく打ち込んでいくと、「ホッホッホ」とうれしそ

筑紫丘高校に掲げられた松井松次郎範士揮毫の「心外無門」の扁額

うに目を細めて微笑んでおられました。

三年間それればかりでした。

ただし鳥刺し面と、渡りの小手―面だけは打ってはなりませんでした。それをやると、右手を顔の前で横に振って、「ちがう、ちがう」と言わんばかりのしぐさをなさって、さっさと蹲踞してしまわれます。また、一歩でも横に動こうものなら、体の中央にあたる床板を竹刀で指し示して、「ここから、ここから」というように正対して中心を割って入ることを厳しく教えられました。

ご高齢の先生には体当たりは禁物ですから、決して先生に体当たりすることはありませんが、新入生が間違ってやってしまうと、ちゃんと腰で受けられます。そして、さっそく「ちがう、ちがう」をやられたものです。

「稽古は相手によってわきまえることがある」という先生の無言の教えだったのです。その証拠に小柄な同級生が、体格の立派な先輩を体当たりで横倒しにしたときには、それを見ていた先生は入れ歯を落とさんばかりに大笑いして、「よくやった!」と称えておられました。

このことは、私の稽古のあり方(作法)に強い影響を与えることになりました。

高校時代には「心外無門」の何たるかも、「剣道至極の処」についてもチンプンカンプンでしたが、今この年齢になってみて、その教えの深さを思い知っています。と同時に先生の凄味《すごみ》すら感じて、剣道を心で学ぶ域に達しておりませんが、ありがたい指標にさせていただいております。そして改めて、剣道の心を学ぶことからやり直してみようとさえ思わしめる四文字です。

ご承知のように昭和二十年八月の終戦を機に、剣道の組織的活動は全面禁止されました。各学校等に完備していた剣道具のほとんどが焼却された事実が物語るように、我が国から剣道文化が根絶やしにされようとしたのです。

その後、昭和二十七年十月に全日本剣道連盟が発足するまでの八年間、心ある先輩方は復活を信じて細々と修錬を続けられたことが語り継がれています。しかしながら剣道の人口構成に一部断層を生じたことは否めません。終戦前後、青年剣士として最も充実した修錬を積むべき年頃であった先輩方の多くは戦地に赴《おもむ》き、あるいは戦死なされ、あるいは混乱の中で稽古もままならぬ時代があったのです。

また戦後、国民の一部に剣道を蔑視《べっし》するような感情が誤って生じたことも事実です。その後、半世紀を経た今日、この断層のもたらす影響は重大な問題を含んできたのです。昭和二十八年以後全国各地で、撓《しない》競技用の防具を代用したり、焼け残った剣道具を引き出して、小・中学生が剣道に入門することになります。それら戦後育ちの世代が、今や全国各地の剣道界で中心的な役割を担う時代が、まさに巡ってきたのです。

〝果たして本物の剣道が伝承されているだろうか〟の危惧の声が聞こえてなりません。

文化はその伝承に中断が生じると、その復興は容易なことではなく、膨大な時間と絶大な努力が払われなければならないもののようです。それは伝承する人間の量的な確保だけでは埋め合わせることのできないものを背負っているようです。つまり文化の真髄や伝承法など、質的なものの補いが至難の問題として残ってくると言わざるを得ないのです。

振り返ってみると、昭和四十年代にみられた少年剣道人口の空前の増加は、剣道の大衆化現象であったのですが、大衆化（多量化）は必ずしも発展ではないものです。ともすれば高度化と相反する事実と捉えておかねばなりません。

真の意味での指導者が不足したまま数量的に膨《ふく》らみ、剣道修錬の最も大切な基礎・基本を安易に捉えて成長してきた剣道愛好者を多く生むことになりました。楽しみとして稽古を続ける愛好者の増加を否定する訳ではありませんが、真髄を誤解した剣道人を増やしてはならないと考えます。

以上のような状況に鑑みて、今だからこそ、今のうちに剣道界先達の教えを再び吟味して、本物を伝えるための研究と実践に真剣に取り組まなければならないと考えています。

剣道は鍛錬道ですから、技能の修錬には相当の身体的苦労を避ける訳にはまいりません。例えば「〝面打ち三年〟とか〝打ち込み五年〟などと徹底して正しい基本を身体に染み込ませる修錬をいかにして現代的に工夫して伝えるか」といった問題ひとつを取り上げてみても、容易に答えは出せません。

あるいは「高齢に至ってもなお、相当の遣い手を前にしても息を乱さず幾人も稽古をつける元立ちのあり様はいかに」という問題についても、指導者として怠ってはならない、避けてはならない研究課題なのです。

また剣道は修養道ですから、若年層、中年層にいかなる知的、文化的刺激を提供すべきかという問題も軽視できません。

全剣連では、制度的に組織的に正しく強い剣道の醸成に取り組んでおられますが、肝心なところは一人ひとりの自覚ある修錬態度にあるのです。段位や称号に相応しい人物とその活躍にかかっているのです。

あとがき

浅学の身をも顧みず、無我夢中で投稿し続けた一年間の連載を終えた頃、本書出版の企画を実行するか否か躊躇しました。それは連載中にも自覚したのですが、私の剣道論が、幼少の頃から昨今に至る間、諸々の機会に先生方から授かった数々の教えを、肌身で感得したままの自己流と言わざるを得ないからです。先達の記した伝書等の読解も浅く、深い論考に欠けていたり、論旨の飛躍も気がかりでした。

しかしながら、戦後育ちの私共が、剣道伝承の責任ある立場に立たされていることをも自覚していました。また、指導者を養成する公職に就いて四半世紀を経た今日、私の剣道（指導）観を纏めて、剣道界の諸賢に供し、ご批正を仰ぎご鞭撻をいただく勇気も発揮せよとの自身の心の声も聞こえてきました。

したがって、ここに敢えて刊行を決意した次第です。

二十世紀最終年の今年、我が国では青少年の不可解極まる非人間的問題行動が多発し、社会問題化しています。また全身運動の不足に起因する幼少年の〝からだのおかしさ〟が多く報告され、〝こころのおかしさ〟の誘因として危惧されています。

幼少年から高齢者まで幅広い世代が、同じ道場で共に学び合うことのできる剣道の文化性を、今さらながら誇りに思うと同時に、私共剣道人の社会的使命をも痛感せざるを得ません。

心身一元的に技を追求する精神文化としての剣道を正しく伝承して、社会の発展に寄与することを念じつつ筆を閉じます。

終わりに臨み、ご高齢かつご繁忙にもかかわらず、快く「推薦のことば」を賜りました井上正孝先生に心より感謝の誠を捧げます。

そして連載の機会を与えてくださり、何かとご示唆いただいた『剣道時代』の張替裕編集長および、小林伸郎記者ならびに写真家の徳江正之氏に厚く御礼申し上げます。


終戦五十五年の記念日、戦没者の霊に黙禱を捧げつつ――。

角　正武

平成十二年八月十五日

角　正武（すみ・まさたけ）

昭和18年12月、福岡市に生まれる。福岡県立筑紫丘高校から福岡学芸大学（現・福岡教育大学）に進む。卒業後、南筑高校、西福岡高校教諭を経て昭和47年に母校・福岡教育大に助手として戻り、のちに同大学教授。平成19年に退職後、現在は同名誉教授。剣道範士八段。㈶全日本学校剣道連盟常務理事。全日本学生剣道連盟副会長。第23回明治村剣道大会３位。第11回世界剣道選手権大会女子監督。全剣連設立50周年記念全日本選抜八段優勝大会出場。座右銘は「百錬自得」。座右の書はルソーの名著『エミール』。

剣道《けんどう》年代《ねんだい》別《べつ》稽古《けいこ》法《ほう》—道《みち》の薫《かお》り（新装版）

平成15年２月28日　改訂新版発行
平成23年４月23日　第３刷発行

著　者——角《すみ》　正武《まさたけ》
発行者——橋本雄一
発行所——株式会社体育とスポーツ出版社
〒101-0054　東京都千代田区神田錦町１—13宝栄錦町ビル３Ｆ
ＴＥＬ　03—3291—0911
ＦＡＸ　03—3293—7750
振替口座　00100—７—25587
http://www.taiiku-sports.co.jp
印刷所——株式会社タイト

落丁・乱丁本はお取り替えいたします

剣道年代別稽古法 （オンデマンド版）

2023年12月20日 発行

著 者 角 正武
発行者 手塚 栄司
発行所 株式会社 体育とスポーツ出版社
〒135-0016 東京都江東区東陽2-2-20 3F
電 話 03-6660-3131
ＦＡＸ 03-6660-3132
Eメール eigyobu-taiiku-sports@thinkgroup.co.jp
http://taiiku-sports.co.jp

印刷・製本 株式会社 デジタルパブリッシングサービス

AM107

ISBN978-4-88458-445-0 Printed in Japan